Moses was the first CEO

(Moïse était le premier CEO de l'Histoire)

Or why jewish kids have been taught for centuries what Richard Branson, Russel Brand, Yuval Noah Harari, or Gary Vee teach the world today.

Introduction	**4**
1. Les Tables de la Loi	**8**
1.1 De la pierre au PVC	8
1.2 La tradition juive : rejetée par notre égo mais ancrée dans nos tripes	21
1.3 Les connexions commencent à se faire	22
2. Le passage de la sortie d'Egypte	**23**
2.1 "L'esclavage, c'est à partir de quand ?"	25
2.2 Le questionnement sur l'esclavage : un cadeau de l'Exode	26
2.3 L'importance de la quête vers la liberté	28
3. L'immédiateté et la vision	**35**
3.1 L'immédiateté est le temps de la Torah	35
3.2 La liberté à tout prix	38
3.3 Une libération a besoin d'une inspiration	40
4. La culture du storytelling	**43**
4.1 La puissance du storytelling	43
4.2 La fête de Pessah enseigne aussi le storytelling	44
4.3 Storytelling, l'outil des CEO pour convaincre	46
5. Le passage des murmures	**52**
5.1 Accepter les commérages, pour ne pas devenir un patron-esclavagiste	52
5.2 Moïse a protégé son peuple comme le CEO doit protéger son équipe.	56
5.3 Accepter les murmures, et continuer à faire grandir ses employés.	59

6. Le Reniement de l'idolâtrie   **63**
    6.1 N'idôlatrer ni soit, ni personne, ni objet, ni idéologie 63
    6.2 Ne pas s'idolâtrer soi-même : le fil de cuivre et le bout de bois.   66
    6.3 L'impossibilité de représenter D avec un quelconque outil de la Création   70

7. Le Temps, avec un "T" majuscule   **74**
    7.1 Impossible à recréer, le Temps se trouve donc hors de la Création   74
    7.2 Le Shabbat - la méditation - l'appréciation de la Création   76
    7.3 Et, d'ailleurs, entrer dans le Shabbat n'a pas du tout besoin de se faire via une religion   80

Manifesto   **86**

Introduction

On peut juger d'un livre à sa couverture mais aussi à son titre... La preuve : vous êtes là.

Et tel était mon objectif : vous attraper.

Encore que...

... en réalité, pour être plus juste, je souhaitais que ce soit ce livre qui vous attrape.
Je crois en effet que les livres viennent à nous et non l'inverse.

Ainsi, considérez-vous comme chanceux, car, grâce au livre que vous tenez maintenant entre vos mains, votre vie va changer.

Un fameux matin à New York, en voyant deux de mes amis dans la cuisine commune de notre WeWork, j'ai sorti cette phrase : « *Les mecs, en fait Moïse était le premier CEO de l'Histoire !* ».

Cette phrase, elle m'est sortie toute seule. Comme ça. Sans y réfléchir. Instantanément. Une phrase qui sort du cœur, comme on dit.

La Torah enseigne d'ailleurs que c'est ainsi que les choses doivent arriver. Dans l'instant. Et, justement, nous en parlerons dans ce livre.

Ce livre a pour objectif d'annihiler tous vos dogmes. D'annihiler nombre de vos limitations.
Vous constaterez au fil des pages que ceci est libérateur.

Nous souhaitons libérer le monde de ses dogmes, de son racisme et de ses limites.

Je vous le répète : vous avez été chanceux d'avoir été appelé par ce livre. Et vous allez être des millions à bénéficier de cette chance. Peu importe votre religion, votre pays de naissance ou vos croyances, ce livre devrait vous captiver, et j'aime à penser qu'il sera encore lu dans 1000 ans.

Je sens que certains d'entre vous sont déjà tentés d'arrêter là leur lecture. Certains d'entre vous froncent ici les sourcils et cherchent la phrase de trop, pour se convaincre de reposer ce livre dans l'oubli. Certains cherchent la sortie, je le sais.
Souhait compréhensible.
Mais vous ne le ferez pas parce qu'il est déjà trop tard. Vous êtes déjà trop avancés dans votre quête. Je vous le dis : ce livre vous a attrapé.

Ce n'est rien de grave, au contraire : comme je vous l'ai dit, vous avez été chanceux.

Et puis, pour vous rassurer, je vais me lancer dans la liste de ce qu'est ce livre, et aussi de ce que ce livre souhaite et ne souhaite pas atteindre comme objectifs.
- Ce livre **ne** souhaite convertir **personne** au judaïsme.
- Je ne suis pas un érudit, et suis donc très loin de posséder ne serait-ce qu'un centième du savoir des rabbins.
- Mes deux parents sont juifs. Mon influence judaïque m'a été représentée par mon grand-père paternel, qui, bien que peu croyant, n'aurait manqué pour rien au monde la célébration familiale de Pessah.
- Ce livre tente à montrer que les enfants juifs, grâce à la célébration annuelle de la fête de Pessah, absorbent sans s'en rendre compte un

peu plus chaque année des enseignements sur le business, sur la vie, sur l'importance de l'éducation, sur l'importance de la liberté, sur l'importance du libre arbitre. Sur tous ces sujets présentés de nos jours par les Richard Branson, Russel Brand, Yuval Noah Harari et autres Gary Vee.

***

Un dernier point : ce que vous découvrirez dans ce livre est ma manière personnelle de vivre et de redécouvrir la Torah.
Il ne s'agit ni d'une critique des autres religions, ni d'une critique des juifs libéraux, ni des juifs orthodoxes. Au contraire, je pense que mon expérience de la Torah via le passage de la sortie d'Egypte, de l'Exode, que je m'apprête à partager avec vous, peut être universelle.
De plus, ne soyez pas étonnés si les parties de ce livre ne suivent pas l'ordre des événements de l'Exode : en effet, ils suivent au contraire mon cheminement de CEO.

La Torah permet d'ancrer dans le sol, puis de s'élever. C'est ce que je tente de faire tout au long de ce livre.

Voilà. Mon introduction était un peu longue.
Mais pour un livre qui sera encore lu dans un millénaire, avouez qu'il fallait s'appliquer.

Bienvenue, donc, dans votre nouvelle aventure : ce livre va changer le monde car il parle de leadership et de la Torah.

Juifs, athées, chrétiens, musulmans, bouddhistes, orthodoxes et agnostiques du Monde : êtes-vous prêts ?

1. Les Tables de la Loi

1.1 De la pierre au PVC

On est fin 2014. Je déménage de France, direction New York pour y développer la société de logiciel, que j'ai co-fondée 4 ans auparavant, sur le territoire US. Des rêves et des espoirs pleins la tête.
Dans cette configuration, toute mon équipe (une trentaine de personnes à cette époque, bientôt une centaine au moment où j'écris ce livre) se trouvaient dans les bureaux français. Et moi, donc, à des milliers de kilomètres.

Au début tout se déroulait bien, tout se déroulait comme prévu. L'équipe en France travaillait et avançait sur tous les projets, et, moi, aux USA, je recrutais notre premier employé. La vie classique d'une startup qui s'internationalise sur le marché américain.

Et, si développer le marché US n'est pas chose facile, les entrepreneurs français sur place vous parleront aussi d'un autre problème : leur déconnection avec l'équipe en France. Votre équipe. Vos valeurs. Votre vision.

Et effectivement, au bout d'environ un an, je commençais à sentir la dynamique interne changer. A sentir que la société prenait une route qui m'était étrangère. A sentir que le devenir de la société était à risque.

Plus rien n'allait dans la direction de ma vision. Plus rien n'allait dans la direction des valeurs que je souhaitais infuser.

Peu à peu, il m'a fallu me rendre à l'évidence.
Tout, dans l'équipe en France, était en train de se désagréger. Des employés historiques démissionnaient, les recrutements pour les remplacer étaient de piètre qualité et les clients commençaient, eux aussi, à sentir que quelque chose en interne ne tournait plus rond.
Notre service perdait en qualité. Et pourtant, dans le même temps, nos équipes se disaient écrasées par les tâches quotidiennes. Comment était-ce possible que les clients se sentent délaissés, alors même que mon équipe semblait travailler plus qu'avant ?
Et le logiciel ? Comment évoluait-il ? Et bien, lui aussi il commençait à perdre de son avance au sein de notre industrie.

Alors, à l'équipe de Direction, constituée de 3 personnes au bureau en France, je posais des questions. J'alertais. Je leur disais que quelque chose n'allait plus dans le bon sens. Je partageais mon début d'inquiétude. J'expliquais que selon moi on allait faire face à de grandes difficultés. Que le bateau tanguait un peu trop à mon avis. Bref, que *"quelque chose me chiffonne"*.
Leurs réponses ? *"Tu ne comprends pas ce qu'il se passe, tout va bien."*, *"Laisse-nous gérer."*, *"Délègue !"*, *"Occupe-toi donc des US !"*....

Bon élève, je déléguais. J'attendais de les voir gérer, et autres *"Je-peux-me-tromper-après-tout"*.
Je laissais faire…
La peur de l'accusation de micro-managements ne guette-t-elle pas tous les CEO, après tout ?

Pendant des mois… Et des mois. Je laissais faire.

Et, hélas, la suite de l'histoire est si logique qu'elle en est désespérante. Arriva donc ce qui devait arriver : des clients commençaient à se plaindre de la qualité de nos services auprès de clients potentiels. Notre réputation au sein de notre industrie commençait à se dégrader.

4 ans pour gagner la confiance de l'industrie. Quelques mois suffiront pour la perdre.

Avais-je pour autant le droit de m'en plaindre ? Pensez-vous. Toujours pas. Les messages que je recevais de la part de l'équipe dirigeante en France étaient plus que clairs : "*Tout est sous contrôle, occupe-toi du marché USA.*"

Le constat était pourtant sans appel. Les clients mécontents se multipliaient, notre logiciel n'était plus innovant et les recrutements étaient mauvais. N'importe quel entrepreneur en connaît la suite : encore plus de démissions d'employés, plus de mauvais bouche-à-oreilles ... et le cercle vicieux qui s'enclenche.

Moi, physiquement loin d'eux, je me sentais désemparé. La souffrance dont je parle était grande, profonde et elle touchait ce qui constituait mon intégrité. La promesse que j'avais faite à nos clients d'exister pour les aider, tombait à l'eau. Cela me rendait triste. J'avais l'impression de voir s'écrouler ce que j'avais mis si longtemps à construire. La souffrance est réelle pour un CEO qui se retrouve dans cette situation : il imaginait sa société et son équipe grandir, or il visualise, impuissant, l'inverse se dérouler.

La chute, ensuite, est rapide. On le sait. Je ne parvenais pas à stopper cette spirale. Je savais que la situation allait finir par toucher le porte-monnaie et cela n'a pas raté. La trésorerie fondait aussi vite que notre bonne réputation.

Jusqu'au jour où cette trésorerie passa dans le rouge. Les appels du banquier, inquiet. Et toujours cette mauvaise réputation qui devenait incontrôlable… Encore un appel du banquier, inquiet.
L'hémorragie s'était déployée.

On y était : l'échec d'un CEO.
Ma souffrance était grande.

Les « *laisse-nous faire Olivier* » que j'entendais lorsque tout le monde pensait que je criais aux loups, s'étaient transformés en « *Olivier, on commence à avoir des soucis* ».

J'aurais pu me dire que tout était terminé. Rentrer en France et recommencer autre chose. J'aurais alors assumé l'échec et caché mes ressentiments.
J'aurais entendu les « *Tu sais, ce n'est pas de ta faute* », ou les « *c'est de ta faute, tu es parti trop tôt pour développer les USA* ». J'aurais entendu aussi les « *c'est parce que tu n'as pas assez délégué* » ou les « *c'est parce que tu as trop délégué* ».

Et j'aurais répondu « *oui, je sais ça* ». Un « Ça » qui aurait eu une définition différente en fonction de la remarque qui le précédait. Peu importe après tout. Donner raison aurait été la meilleure méthode afin de couper court à la conversation. L'échec d'un CEO, je vous dis.
Je n'aurais pas été le premier.

J'avais abandonné tout espoir de me battre contre les personnes que j'avais nommées, moi-même, à la Direction. Notre mauvaise réputation s'était déjà bien trop propagée et la trésorerie était inquiétante. On ne remonte pas ces deux pentes. Je subissais, certains soirs, je dois l'avouer, des moments qui s'apparentaient à un début de dépression.

L'échec d'un CEO.

***

Et puis …

Et puis … quand on est en train de tout perdre, à commencer par son intégrité, on tente le tout pour le tout. Mon intégrité face à nos clients et à mon équipe était entachée, alors, à quoi bon retenir ses coups. Baroud d'honneur ! Le combat est désespéré, je lâche les chevaux, et je me sens libre de lâcher les chevaux.

Je ne voulais pas tout laisser tomber.

J'allais « *remettre l'église au centre du village* » ! Une expression française qui indique que les fondamentaux ne devraient jamais être oubliés.

Pourquoi le village a-t-il arrêté de se construire autour de l'église ? Quand est-ce que les villageois ont commencé à passer devant l'église sans même la regarder ? On ne sait pas. On ne sait plus. C'était, après tout, il y a longtemps …

Perdu pour perdu, il n'était plus question de se soucier des commérages. Il fallait prendre des décisions fortes et fermes. Et certainement impopulaires.

J'allais reprendre en main la destinée de la boite et j'allais le faire à ma façon. Plus aucun compromis de peur de démissions. Plus aucun compromis de peur de passer pour un autoritaire. C'était à prendre ou à laisser. On y croit ou on quitte la société. Ma patience avait dépassé ses limites. Point.

Alors, qu'est-ce que j'ai fait ?

J'ai pris une feuille de papier et j'ai noté tout ce qui ne me plaisait pas dans la gestion actuelle de la société. Tout ce qui me rendait inconfortable, même ce qui pouvait paraître futile. Et écrire une bonne fois pour toutes les règles que je voulais que l'on respecte. Il fallait aussi que j'impose ma vision une fois pour toute. C'était à prendre ou à laisser.

Alors j'ai noté, noté, et encore noté... J'ai noté toutes ces règles qui me passaient par la tête. J'ai noté toutes ces situations qui m'avaient énervés ces derniers mois.
Noté avec rage, ressentiment.
J'ai noté et encore noté. Sans réfléchir. De manière presque animale. Furieux et découragé. Je me suis laissé porter par un flow.

Puis, très vite, lorsque j'ai commencé à lister ces idées, ces règles, je me suis rendu compte qu'elles avaient un point commun : il ne s'agissait pas de règles de conduite envers les clients, ni envers les prospects, ni de la manière de se comporter au sein de l'entreprise..
Ces règles n'étaient pas non plus des mantras du type « *Never Give Up* », ou « *Client is King* ».

Non.
Rien de tout cela.
Ce que j'étais en train de lister était différent. Ce que j'étais en train de lister n'était pas en rapport direct avec le business. Ni avec la croissance, ni même en avec les objectifs de l'entreprise. Non.

Je me suis rendu compte que j'étais en train de coucher sur le papier les valeurs que je voulais transmettre.
C'est cela que j'avais devant mes yeux.

Au nombre de 12, et pour ne pas vous influencer, je vais en partager uniquement 3 avec vous, à titre d'exemple :

- *"Nous portons fièrement nos idées. La lâcheté se cache derrière ce qu'il y a de petits. Soyez grands.*
- *"Restez humble. La prétention a renversé plus d'empires qu'on n'en a même existés."*
- *"Nous encourageons la lecture, car elle libère la créativité et renforce l'intégrité."*

J'ai écrit nos 12 valeurs parce que je souhaitais que tout le monde au sein de l'entreprise soit au fait de ce que je souhaitais pour la boite. Et j'allais les afficher en grand dans nos bureaux. Je voulais qu'elles puissent être lues par tous : salariés, candidats, futurs collaborateurs, clients, prospects… tous ceux amenés à passer dans nos bureaux ou à visiter notre site web.
Tout le monde, sans exception. Tout le monde.

J'ai donc mandaté une société qui s'est chargée d'imprimer ces valeurs sur un tableau en PVC de 1,50 m de haut et 1 m de large. Écrites et reproduites sur un support solide.
Affichées dans la salle de réunion principale, elles ont pris vie.

***

Après en avoir fait la présentation à la team, j'ai demandé à ce que chaque membre de l'équipe en lise le contenu. J'ai aussi demandé à ce que chaque candidat lise ces règles à la fin de son entretien d'embauche et que même les prospects et clients qui viendraient nous rendre visite passent du temps à les lire également.

Tout le monde.
100% des gens qui passeraient dans nos bureaux.
Tout le monde.

Ceux chez qui ces règles et ces valeurs ne résonneraient pas allaient choisir un autre prestataire ou, dans le cas d'un entretien d'embauche, allaient rejoindre une autre société.

Moi, de mon côté, ma patience avait largement dépassé ses limites : l'échec d'un CEO n'aura pas eu lieu sans son dernier combat. Sans mon baroud d'honneur.
Un baroud d'honneur de 1,50 m de haut et 1 m de large qui indiquait : *"C'est à prendre ou à laisser. Point."*

Puis … quelque chose à changer.

.. un peu de temps passe … Une semaine. Un mois. Et puis plusieurs …

…. Un temps qui s'étire dans le silence.
Le chaos avant. Le silence après.
Était-ce un bon ou un mauvais signe ? Est-ce que c'est ce qui se passe avant la fin ? J'avais lâché les chevaux. Allaient-ils revenir avec un butin, ou étaient-ils déjà tous morts au combat ? Je ne savais pas. Juste le silence.

Le silence. Le calme. L'équipage est-il en train de quitter le navire en silence, comme pour ne pas offenser le capitaine ? Un capitaine déjà assez triste de voir son bateau couler ?
Même l'équipe de Direction que j'avais mise en place semble m'éviter.

Mais rien de tout cela n'était en fait en train de se passer. L'inverse était en train de se produire. Encore imperceptible pour tout le monde à ce stade, et pour moi y compris : la société commençait à guérir. Dans le silence, la guérison s'opérait.

***

Un matin dans le métro de New York, levant la tête, je réalisais : *"Je n'ai plus de problème : les clients sont à nouveau contents, l'équipe semble alignée et les derniers recrutements sont en phase avec notre ADN. C'est tellement encourageant. Problèmes résolus. La société va continuer son existence. Tout le monde respire, tout le monde se sent mieux."*
Que s'est-il passé ? Qu'est-ce qui a changé ? Que s'est-il passé ? Au moment où je me fais ce constat, je n'ai aucune explication cohérente qui pourrait expliquer ce changement.

Puis … et puis … ces moments durant lesquels vous pensez à une piste qui était là, sous vos yeux, depuis le début. Je suis donc dans le métro, direction le bureau, et une idée me traverse l'esprit. D'un coup.

Les 12 règles ? Auraient-elles eu un impact ?

Et si elles avaient tout changé ? Et si elles étaient la raison de la renaissance de l'entreprise et de son équipe ?
Et si elles étaient le point de bascule ?

Les règles étaient là, écrites, présentes pour tous, chaque jour. Comme si, petit à petit, elles s'étaient diffusées à l'intérieur de chacun pour en faire ressortir le meilleur. Sans s'imposer à personne, elles avaient forcé à prendre position : rester ou partir.
Pour tous ceux qui avaient fait le choix de rester ou de nous choisir comme prestataires, ces valeurs les ancraient dans un sol commun.

Ces valeurs étaient là et elles étaient là pour rester.

D'un coup, je me souviens de ma visite chez Amazon et de ce grand tableau en PVC qui listait les valeurs de la société.
Je me souviens.
Je me rappelle aussi ces articles dans lesquels les CEO et les Chef Happiness Officers expliquaient l'importance d'exposer les valeurs de la boîte.
Je me souviens.

Me reviennent en mémoire ces conférences en management qui conseillent de se poser la question des valeurs au sein de notre entreprise.
Je me souviens.

Les valeurs affichées via un format de liste à points et sur un support solide sont partout dans la Silicon Valley.
Je me souviens.

Mon instinct me guide et je continue à tirer ce fil qui glisse presque entre mes doigts. Ma tête tourne et mon cœur s'accélère. Je sens que ce fil que

je tire va m'amener dans des endroits de mon être que je ne visite que trop rarement.
Mon cerveau s'étire et mon ventre se triture. Mon cerveau y va, mais je résiste.

Pourquoi ? Que se passe-t-il ?

Je me souviens… Oui, je me souviens…

Je me souviens de ce dont on nous rabâche les oreilles une fois par an dans toutes les familles juives depuis plus de trois millénaires. Une prière de deux heures chaque année dont je n'avais pas compris l'utilité jusqu'à ce moment de révélation.

Je me souviens.
Je me souviens de la fête de Pessah !

C'est l'histoire d'un prophète qui, il y a 3300 ans, a écrit ses lois sur de la pierre.

Je continue à tirer le fil. Je ne résiste plus.

Avait-il tout prévu ? Moïse avait-il tout prévu ?
Était-ce un hasard si les Tables de la Loi avaient été écrites sur un support solide ? Était-ce un hasard ce choix de 10 phrases courtes et non pas de longs paragraphes ? Si D a donné la Torah à Moïse, pourquoi ne pas juste avoir écrit ces 10 commandements dans les rouleaux de la Torah ? Et pourquoi donc, 3300 ans après, les CEO conseillent d'appliquer une méthode très proche de ce qu'a fait Moïse ?

Et je continue à tirer le fil. Ce qui m'apparaît me paraît comme magnifique.

Et si la fête de Pessah, cette histoire de l'Exode du peuple Hébreux et de Moïse, était un cadeau fait à l'humanité ? Et si ces 2 heures de prières n'existeraient-elles pas au final pour permettre à ce message d'arriver jusqu'à nous ? Comme pour éduquer tout un peuple, pendant 3 millénaires. Un lapse de temps complètement incroyable.

Je me répète la question : Moïse avait-il donc tout prévu ?

Je sors du métro.

J'arrive au bureau et je croise dans la cuisine commune Serge-Karim et David, mes deux amis entrepreneurs à New York. Je m'avance vers eux les yeux lucides et, le regard figé, je leur sors cette phrase sans m'en rendre compte. Une phrase incroyable : "*Les mecs, vous savez quoi, en fait, Moïse était le premier CEO de l'Histoire !*"

***

Bim ! Comme ça.
Je les regarde.

Le silence se fait...

...

Le silence, toujours...

L'effet de surprise est total, y compris pour moi.
Le temps s'arrête. Ils me regardent. Nous sommes tous les trois interloqués. Le silence s'étire.
Nos regards se croisent à trois, chacun à son tour. On cherche un signe, une confirmation, une réaction. Un sourire, un doute, un étonnement, on

cherche juste une réaction chez l'autre. Nous sommes nous trois immobilisés, comme figés sur place. Cette phrase s'entrechoque dans nos têtes.

"*Putain, les mecs, Moïse était le premier CEO de l'Histoire !*", répète-je pour briser le silence.

Puis Serge commence à se marrer. Ce rire communicatif que je lui connais si bien.
On finit tous par se marrer.
Après avoir été comme cloués sur place, chacun y va de sa blague, rebondissant sur la blague de l'autre, pour se détendre. On savoure ce moment. On tient un bon sujet de rigolade, et chacun y va de son imaginaire pour relancer les rires des deux autres.
«*Moïse premier CEO de l'histoire*». L'image est hilarante et nos trois cerveaux sont bien décidés à maintenir l'effet comique de la situation. On rit jusqu'aux larmes, ce qui, lorsque nous sommes tous les trois réunis, est déjà arrivé plus d'une fois.

Et alors que nos rires continuent, ce qu'on ne se savait pas encore à ce moment précis, c'est que quatre ans après, Serge-Karim et moi comprenions qu'il me fallait écrire le livre que vous tenez maintenant entre vos mains.

Nous avons passé des heures ensemble à tirer ce fil, encore et encore. Plus on discutait, plus on se rendait compte que Moïse avait peut-être tout prévu. Plus on discutait, plus on se rendait compte que cette fête de Pessah pourrait être une raison de la continuité historique du peuple juif.

Plus on discutait, plus on se rendait compte que cette fête, celle de Pessah, est une méthode pour construire des aventuriers. Pour construire des entrepreneurs. Un parcours initiatique.

Plus on discutait, plus ce livre prenait forme.

Plus on discutait, plus on se rendait compte que... ce livre... allait changer le monde.

1.2 La tradition juive : rejetée par notre égo mais ancrée dans nos tripes

Serge-Karim

Sur le coup, j'ai trouvé cette phrase tellement drôle et caricaturale. Je me souviens de notre fou rire à en avoir mal au ventre. Un fou rire qui a bien duré pendant 30 minutes. Un moment génial. Mais je me rendais compte en même temps que cette phrase pouvait passer pour antisémite. J'étais chamboulé à l'intérieur.
Et puis, à un moment, j'ai dépassé la caricature et j'ai compris qu'Olivier était tombé sur un trésor.
J'avais toujours eu du mal avec mon judaïsme, dont le côté « fétichiste » ne me convenait pas. Avec cette phrase, Olivier m'a reconnecté avec lui. Je me suis rendu compte que mon éloignement et mon questionnement n'avaient rien à voir avec mon côté rebelle, mais qu'ils faisaient au contraire partie intégrante du chemin. Ma mère et ma grand-mère m'avaient toujours *montré* comment faire, elles ne m'avaient jamais *dit* comment faire, et c'est très différent. Ce jour-là, j'ai compris que j'étais juif. J'ai compris que je l'avais toujours été et que même mon rejet du judaïsme m'avait été inculqué et transmis comme étant un passage personnel.

Et ce rêve, dans lequel j'entendais :

«Et un jour tu redeviendras juif.»

Un matin, sans prévenir, dans un WeWork de New-York, je suis redevenu juif.

Olivier

Et moi de continuer : "*Les mecs, je vous assure. Tirez tous les fils de l'histoire de l'Exode et vous verrez que tout était écrit. Tout nous enseigne qu'être un CEO, un leader, sera un long chemin et que rien ne sera facile. Les Elon Musk, les Steve Jobs, et autres CEO, passent tous par les mêmes épreuves que Moïse.*
Or, pour guérir, pour avancer, pour évoluer, le monde a besoin de leaders.
»

1.3 Les connexions commencent à se faire

Serge-Karim

En partant de la première phrase d'Olivier, on a commencé à reconnecter tous les fils. Toutes les difficultés, toutes les étapes rencontrées par un CEO correspondaient à un épisode de la vie de Moïse. C'était vertigineux. On a passé des heures et des heures à réfléchir et à tisser les fils.
C'était incroyable.

Tout était écrit. L'enseignement était là depuis le début, il suffisait de le redécouvrir. Un enseignement répété aux enfants juifs depuis 3300 ans, lors de Pessah. Cette pratique plante dans le cerveau des enfants, chaque année un peu plus, la graine de l'entrepreneuriat, du leadership, de l'importance de l'accès à la lecture, de l'importance de l'effort, de l'abandon impossible et, enfin, de l'importance du reniement de l'idolâtrie.

Au même titre que les sont le message éternel de paix et d'amour de Jésus et celui du respect ultime qu'est la soumission à D de Mahomet, le message de Moïse est lui aussi universel. Il est d'ailleurs tellement universel que vous découvrirez dans ce livre qu'il peut aussi résonner chez les plus sceptiques d'entre les Hommes : les athées.

Moïse était le premier CEO de l'Histoire car il nous enseigne comment être un leader. Un leader pour ses pairs et un leader pour soi-même.

Allons-y, commençons, sans tarder, car l'enseignement que nous partage la Torah via l'Exode est riche et s'infuse lentement.

2. Le passage de la sortie d'Egypte

L'esclavage c'est l'histoire. C'était juste avant-hier. Ou la journée d'avant. La nuit dernière.
C'est l'histoire que l'on apprend sur les bancs de l'école. Celle qui est racontée dans les films que l'on regarde en famille le Dimanche. Serrés sur le canapé en se répétant que ce ne sont que des images. Des acteurs enfermés à l'intérieur du petit écran et qui ressortiront après, vivants et libres.

C'est l'histoire qui fait polémique encore à notre époque. Qui divise et fait parler. La monstruosité du catalogue des souffrances et des traumatismes.

Les images d'hommes et de femmes courbées. La peur et le désespoir marqués sur les visages. Les chaînes aux pieds. Les coups de fouet. L'injustice crasse. La colère sourde qui fait palpiter les cœurs d'enfants. Cette colère qui ne quitte pas et qui pourrait faire hurler les loups. Les champs de coton et ses ombres noires à capuche pointue qui se baladent la nuit une torche à la main. Des yeux écarquillés d'horreur les voient sortir du sous-bois. Ils vont tuer papa et violer maman.

L'esclavage c'est l'histoire d'aujourd'hui. On dit « moderne ». Comme si les deux mots allaient ensemble. Comme si la modernité censée apporter le progrès pouvait être accolée sans heurt à un mot si moche. Un principe à vomir. Vas-y, penche-toi en avant. Le travail des enfants. Enfonce tes doigts dans la bouche. L'exploitation sexuelle. Tu sens que ça vient et que ça va tout emporter sur son passage. La séquestration domestique. Et la peur toujours. Semblable à celle d'hier.

C'est un mot dégueulasse qui colle au doigt. Qui donne un sale goût dans la bouche.
Être esclave dans le corps.
Être esclave dans la tête.
Chuchoter dans le bruit.
Hurler dans le silence."

Julie Gouaze
(texte écrit spécialement pour ce livre)

2.1 "L'esclavage, c'est à partir de quand ?"

L'esclavage, c'est l'horreur de l'homme sur l'homme. Des humains capables de réduire en esclavage d'autres êtres humains. La traite négrière c'était le passé.. Et pourtant... c'est sans compter le travail forcé qui concerne encore, nous dit-on, plus de 25 millions de personnes dans le monde.

Chaque époque possède sa propre limite au-delà de laquelle l'esclavage commence. Au-delà de l'évident travail forcé et non-rémunéré, posons-nous la question de toutes les formes que peut prendre l'esclavage aujourd'hui.

La caissière de Walmart aux heures de travail éparses, qui travaille de 8h à 11h le matin puis de 17h à 21h, peut-elle être considérée comme une esclave ?
Le chauffeur Uber qui génère juste assez de revenus pour survivre avec sa famille et recommencer le lendemain, ne vit-il pas lui aussi dans une forme

de travail forcé ? Et ce préparateur de commandes dans les entrepôts d'Amazon dont les directives lui sont donnés par un algorithme envoyé sur le terminal qu'il porte autour du cou ? Et ces employés qui arrivent au bureau la peur au ventre à cause d'un manager ? Cette femme psychologiquement dépendante d'un mari manipulateur ? Cet enfant dont les parents imposent un destin familial ou une carrière professionnelle ? Et ce harceleur moral, cet être ignoble finalement mis à nu par Marie-France Hirigoyen ?

Dites-moi, l'esclavage, c'est à partir de quand ?!!

2.2 Le questionnement sur l'esclavage : un cadeau de l'Exode

Le mot "*Égypte*", en plus du nom du pays, possède une double traduction en hébreu : "*entre les murs*". La Torah nous enseigne donc que l'esclavage dans l'Exode n'est pas juste un lieu, un pays, un espace, mais aussi intemporel. La Torah nous enseigne que l'esclavage sera à questionner à toutes les époques, même celles que l'on nomme "*modernes*".

> « ... la sortie d'Égypte ne marque pas seulement la naissance du peuple d'Israël. Elle invite aussi à se libérer de son Égypte intérieure. En effet, en hébreu, « Mitsrayim » (Égypte) s'entend littéralement « lieu d'étroitesse ». »
>
> — Source : « Citations talmudiques expliquées », 2013, Philippe Haddad - Éditions Eyrolles.

Se poser la question *"L'esclavage, c'est à partir de quand ?"* est primordial pour tout être humain. Et, cela, à toutes les époques. Ne croyez pas que parce que le pays dans lequel vous vivez est démocratique et moderne, que vous ne pourrez pas y être un esclave. A chaque époque, en chaque lieu, il faut se poser la question de l'esclavage. La caissière de Walmart. Le chauffeur Uber. La femme du conjoint pervers-narcissique. Ils sont tous des esclaves. Et ce n'est pas une évidence, car, dans nos sociétés modernes, leurs pharaons se dissimulent.

De plus, et vous allez être étonnés, avoir un gros salaire ne vous protège pas de questionner votre esclavage. J'ai été un riche esclave. Un CEO à qui son médecin annonce un jour « *j'aurais bien voulu vous dire que vous êtes déprimé, hélas votre maladie est bien pire : vous êtes en burnout ! Vous êtes devenu esclave de l'entreprise que vous avez créée. Un esclave certainement bien payé, mais un esclave quand-même.*»

Et le médecin de continuer :

« *Le téléphone sonne ? Vous répondez.
Un email arrive ? Vous répondez.
Un client impatient ? Vous devenez impatient.
Et votre déclaration d'impôt sur les sociétés ? Vous êtes en retard, je devine.
Et ce n'est pas la seule mauvaise nouvelle. La vraie mauvaise nouvelle est que vous allez sortir de mon cabinet sans ordonnance, car il n'existe pas de médicaments pour traiter votre problème.* »

Je rentre chez moi. Une boîte de magnésium à la main. « *Je vais quand même vous prescrire du magnésium. J'en prescris toujours quand je n'ai pas de solution.* », avait conclu le médecin.

Esclave. Burnout. Pas de traitement.

Je rentre, groggy, chez moi. 20 nouveaux emails. 4 appels en absences. Ben voyons…
Je m'apprête à y répondre et m'assois face à mon ordinateur.
En réalité, je vais l'éteindre. Me coucher. Et décider que tout cela suffit. Je débranche. Je brise ma chaîne mentale.

L'esclavage est partout et ce que nous apprend le passage de L'Exode dans la Torah, c'est que le questionnement de l'esclavage doit se poser tous les ans.

"Emancipate yourselves from mental slavery."

— Bob Marley - "Redemption Song"

2.3 L'importance de la quête vers la liberté

La peur de l'inconnu, un amour propre diminué, le doute en ses propres capacités : refuser une vie d'esclave est un processus qui demande un grand travail sur soi. Combien ne veulent pas quitter un emploi malgré le harcèlement d'un supérieur ? Combien de femmes battues reviennent vivre avec leur bourreau ? Et pendant ce temps, l'entourage conseille, supplie, de tourner la page, d'aller vers un avenir meilleur. Inconnu, certes, mais forcément meilleur. Nous allons voir dans ce chapitre que se libérer est un acte complexe, mais qu'il existe une méthode.
Et c'est la méthode appliquée, naturellement, par les entrepreneurs.

Les entrepreneurs cherchent leur liberté. Elle vaut tous les risques, toutes les angoisses et le manque de sommeil. Ils sont prêts à se mettre en danger et à laisser tout ce qu'ils ont aimé pour aller vers l'inconfort.

« Elle m'empêche de faire ma liberté. »
— *Elia Ganem, 4 ans, fille de Serge-Karim Ganem.*

Pour Elia, la liberté n'est pas un état, mais une action.

Trop de juifs croient que l'Histoire de l'Exode nous enseigne que, encore une fois, le peuple juif a été un pauvre peuple martyrisé. Mais cet angle, en plus d'être un angle qui enferme une minorité dans de la pleurnicherie, n'est évidemment pas le sens qu'a choisi la Torah.
Il est effectivement important de réaliser que l'histoire de Moïse possède au contraire un esprit positif : elle nous enseigne la liberté.
D'ailleurs, à cette époque de l'humanité, le principe de liberté est en général peu présent chez les chefs de tribus, leurs motivations étant plutôt guerrières. Moïse, lui, ne cherche pas à initier de guerre. Il cherche à initier la croyance en un D unique et en notre recherche de liberté. Moïse cherche à enseigner que le libre-arbitre est forcément une création de D.
Chaque année, la fête de Pessah demande aux juifs, de toutes les époques, de redéfinir une question peu présente dans les autres tribus : la question sur l'esclavage. "*Stay free*", répète Russel Brand. Il ne dit pas "*Be free*", il utilise le verbe "stay" : il sait que trop bien qu'être libre aujourd'hui n'impliquera mécaniquement, hélas, de la liberté dans le futur.

La fête de Pessah apprend depuis des siècles aux enfants juifs que nous avons tous notre Égypte, et que nous pouvons en sortir. Que nous devons

en sortir, mais que si nous ne restons pas vigilants, nous pourrions rester esclaves.
Car, et cela est surprenant à première vue, l'Exode nous apprend que certains des Hébreux esclaves n'ont pas suivi Moïse. Certains ont décidé de rester en Egypte ! Fait surprenant n'est-ce pas ?

Ce passage de l'Exode nous apprend donc que se libérer de son Égypte est non seulement difficile mais aussi loin d'être automatique.
Ce passage de l'Exode nous apprend que la souffrance insoutenable ne peut suffire : qu'il faut de la volonté. Qu'il faut y croire.
Ce passage de l'Exode nous apprend que même y croire ne peut suffire : que ce qui nous attend de l'autre côté n'est pas un acquis.

Ce passage de l'Exode est très important dans la construction de l'enfant juif.

A chaque époque de l'Histoire, l'enfant juif a appris à se questionner « *Et aujourd'hui, quelle est mon Égypte ?* ». Un enfant juif ne prend pas pour acquise la liberté. Il la questionne. Encore et toujours.
Et il est fort à parier que le futur, avec la montée de l'intelligence artificielle, va avoir besoin d'humains qui se questionneront à ce sujet. Qui se poseront cette question : "*L'esclavage, c'est à partir de quand ?*"

"Perhaps the biggest tragedy in our lives is that freedom is possible, yet we can pass our years trapped in the same old patterns."

— *"Radical Acceptance" by Tara Brach*

Surya Bonaly : la libération par le backflip.

Sa peau noire, son franc-parler, les traits africains de son visage, les formes de son corps. Rien, rien chez Surya Bonaly ne rentre dans les codes du patinage professionnel de son époque. Surya le sait. Le monde entier le sait.

Mais Surya est extraordinaire et un pays entier va vibrer avec elle.

Elle est devenue célèbre par la grace de son backflip.
Elle deviendra une légende pour la désinvolture de son backflip.

Une figure artistique que, 20 ans plus tard, aucune athlète n'a encore réussi à répliquer.
Mais la véritable mission de Surya n'est pas juste d'être la première athlète noire à évoluer à haut niveau dans le patinage artistique. Elle n'est pas non plus juste d'exécuter une figure considérée comme impossible. Sa mission est plus grande : elle va décider, dans un temps très court, quasi-instantané, de se libérer. Et de libérer un pays entier avec elle. De libérer une génération entière de petites filles.
Surya est magique et elle va le montrer au monde.

Surya entre sur la glace.

Les jurys l'attendent. Le monde l'attend. Les athlètes, les petites filles en France, les présentateurs sportifs. Un pays entier la regarde. La petite Surya a le visage fermé.

Les règles sont claires : le backflip est une figure interdite. L'effectuer l'éliminerait d'office. Sans négociation possible.

Deux minutes avant de rentrer sur la glace, son coach l'avait implorée de ne pas faire cette figure. Sa mère lui laisse le choix.
Surya ne répond pas.
Elle entre sur la glace. La mère rejoint le coach, le regard perçant. Le coach est paniqué : "*Si elle le fait, elle sera éliminée. Sans hésitation, ce sont les règles. Vous le savez. Alors pourquoi ?*"
La mère ne répondra pas. Son regard est fixé sur sa fille.

Surya, d'un coup de patin ferme, annonce qu'elle s'est lancée.
Surya est gracieuse, belle, forte. Généreuse avec son public.

Un public qui se demande, inquiet, si elle va oser faire son backflip. Et qui, en même temps, est subjugué par leur petite favorite.
Les mères de France serrent fort les mains de leurs petites filles. Le souffle est court. Les petites filles sont debout. Toutes. Celles dans le stade comme celles en face de leur téléviseur. Les pères de famille se surprennent à se passionner pour ce sport, et se rendent compte qu'ils retiennent, eux aussi, leur souffle.

Surya continue sa performance, elle glisse parfaitement. Son public alterne des moments de silences et de délires.. La tension est à son comble, devient intenable. Intenable pour tout un pays. Pour toute la France. Pour tout un peuple. Les cris, les pleurs, les émotions débordantes. La France est femme, la France est unie, la France est gracieuse. La France est Surya.
Les commentateurs ne savent pas quoi dire qui ne serait pas inutile.

Puis… Surya se tourne… Elle glisse dos à la piste. Les secondes s'étirent.

Elle continue à glisser. De dos.

La tension monte, la France s'immobilise, l'univers se contracte.

Surya écarte les bras. Le poul d'une nation entière se fige. Son public n'ose pas croire à ce qui arrive : son backflip. Les mains se serrent encore plus les unes les autres.
Le coach est paniqué. La mère sourit : Surya va faire l'impensable. Surya va faire l'interdit. Surya lance un regard aux juges. Sa décision est prise et elle souhaite l'indiquer à la France, l'indiquer au monde. Les présentateurs télé hurlent dans leur micros, supplient Surya de ne pas faire l'impensable. *"Non Surya, non Surya."* et l'autre présentateur de compléter : *"Elle va le faire ! Non Surya. Nous avons besoin de toi, la France à besoin de toi pour gagner. Non Surya."*

Surya se lance en arrière. Plus personne, dans aucune maison, ne respire à ce moment-là. La France se fige.
Surya saute en arrière. Elle est en l'air, ça y est. Ses jambes tournent au-dessus d'elle. Il y a de la grâce, de la puissance. Il y a de la désinvolture. Il y a un pays. Un pays qui ne respire plus, un pays entier ne fait qu'un. Les présentateurs télé sont ébahis.
Surya est le centre de l'univers pendant ces centièmes de secondes en l'air. Surya est la force. Surya est la femme désinvolte et incroyable.

Quelques fractions de secondes, qui ont duré des minutes, Surya retombe parfaitement sur ses patins. Bras écartés, en équilibre, lancée à pleine vitesse le dos à la piste. Son légendaire sourire sur ses lèvres. Elle file encore à toute vitesse sur la glace. Elle est belle. Son saut a été parfait, elle a réussi. Ça y est. Les présentateurs télé hurlent de stupeur. La foule hurle de joie, la foule exulte, la foule se libère. Les petites filles sautent dans les bras de leurs mères. Les pères reprennent leur souffle. Surya est radieuse. La France entière hurle. La France hurle de libération. Surya glisse et danse encore. Elle le tout, elle la légèreté, elle est la grâce. Elle est rapide comme un train, mais légère comme la liberté. De cette glace sortent les feux de la volonté.

Les filles pleurent de joie, les mamans sont tétanisées par l'audace, et les pères figés.
Les juges... ont la tête baissée.

Surya est radieuse.

Surya a montré aux petites filles de France que l'esclavage pouvait se cacher partout. Qu'elles devaient se libérer. Que si une petite fille pouvait refuser les règles de ce jury tant craint, alors, elles, ne devraient jamais, vous entendez, jamais, accepter une Égypte.. Jamais. De toute leur vie. Jamais.

Surya a rendu une génération entière rebelle et résiliente. Avec un saut. Un saut qui fut le plus grand "Fuck you" de l'histoire du patinage artistique. Une Exode à la française : le Tiers-Etat contre les nobles. Surya est magnifique.

Elle sort de la piste, elle a le sourire.
Un journaliste lui pose la question : *"Surya, Surya, comment vous sentez-vous ? Dites-nous. La France a besoin de savoir. On a besoin de savoir comment vous vous sentez."*
Et Surya de répondre, sourire aux lèvres : *"Je me sens libérée."*

Voilà. Tels furent les mots de Surya. *"Je me sens libérée."*

Une jeune adolescente se sent libérée après avoir fait une figure de patinage sur glace.
Pensez-y ! Si ce simple geste était une condition de libération, alors posez-vous vous aussi la question, encore et encore, chaque année et à chaque époque, allez chercher au fond de vous et dans votre quotidien : *"où se trouve votre Egypte ? Qui sont vos pharaons ?"*. *"L'esclavage, c'est à partir de quand ?"*

Les juges noteront Surya 0/6 - 0/6 - 0/6 - 0/6 - 0/6

Merci Surya pour cet acte de libération.

3. L'immédiateté et la vision

" [...] liberating people to do what is required of them, in the most effective and humane way possible. "

— *"Leadership Is an Art" by Max De Pree*

3.1 L'immédiateté est le temps de la Torah

Lorsque Moïse est en Égypte, il va trouver Pharaon et lui demande de laisser partir les Hébreux. Pharaon refuse, alors D décide d'envoyer jusqu'à dix plaies sur le pays : l'eau du Nil se transforme en sang, les grenouilles infestent le pays, les grains de poussière se transforment en moustiques... Après chaque catastrophe, Pharaon réitère son refus. Pourquoi ? Parce que polythéiste, il se rassure donc en expliquant que l'apparition de chaque plaie est le fait de la colère d'un dieu spécifique et différent à chaque fois : celui des eaux, celui des cieux, etc. Les Hébreux, au contraire, chantent « *Et cette plaie nous aurait suffit (sous entendu nous aurait suffit pour croire en un D unique).* »
Il faut attendre la dernière, la mort des premiers nés, pour que Pharaon accepte que Moïse et son peuple quittent le pays.

C'est ainsi que, après presque 400 ans d'esclavage, les Hébreux quittent l'Égypte. Mais, précise l'Exode, ils la quittent dans la précipitation. « *Sans même que le pain n'ait eu le temps de lever.* » Ils ont emporté avec eux des galettes plates : ce fameux pain azyme que les juifs mangent pendant une semaine lors de la fête de Pessah.

Alors, pourquoi donc, après 400 ans, tant de précipitation ? Ne pouvaient-ils pas attendre encore quelques heures, afin que le pain se lève ?

Certains rabbins donnent une explication : ce n'est pas l'urgence de s'enfuir d'Égypte qui est représentée ici. C'est l'urgence de liberté qui vous prend au corps pour ne plus jamais vous lâcher.

"When it's time to leave, when it's time to change, don't wait for the bread to rise."

— *Eric Weinstein, about Passover teaching, April 3rd 2020*
(source: Joe Rogan Experience #1453 podcast (36 min - 50 sec)
https://www.youtube.com/watch?v=wf0_nMaQ6tA)

Tout comme les Hébreux, une fois qu'on identifie sa propre Égypte, la sortie ne peut plus attendre. Et elle n'attendra pas. C'est de cette façon qu'une libération se déroule.

C'est le moment où la femme battue se dit "*Assez !*".
Le moment où l'entrepreneur se dit "*Il faut que je le fasse.*"
Le moment où l'artiste trouve son idée et cherche désespérément son instrument, son clavier, son stylo...
Pourquoi ? Parce que l'acte de libération est une création instantanée.

Les Hébreux ont pris le pain sans attendre, comme la femme qui décide de divorcer en affirmant haut et fort : "*Je te laisse tout, Je pars. Ma décision est prise et c'est ce soir.*"
Tel les Hébreux, la femme battue est restée longtemps sous le joug de son bourreau, mais une fois sa résolution prise, une fois son Egypte clairement

identifiée, elle a agit plus rapidement que la levée du pain, aliment pourtant si important pour la survie.

"*Assez !*" Ce mot en lui-même, pas plus long qu'un souffle, parle de l'immédiateté de la libération une fois le besoin révélé.

"*Assez !*" et le mari violent sait que, cette fois, la femme ne reviendra pas. Le pain n'aura pas le temps de lever que la porte se refermera pour toujours.

"*Assez !*" et l'âme de l'entrepreneur prend le dessus sur la peur de la perte d'un salaire.

"*Assez !*" et plus rien ne pourra se dresser contre votre souffle de vie. Même pas un désert à traverser avec du pain fin et sec.

"Assez !" un mot pas plus long qu'un backflip décidé sur l'instant.

"*Assez !*"

La vie, la survie. Ce grand tout en une seconde, en un geste, en un mot. Une libération se fait dans l'immédiat, sans plus réfléchir.

"La nature même de D, et donc de la spiritualité, est d'être hors du système spatio-temporel.
Alors, comment pouvons nous générer de la spiritualité compte tenu de notre enracinement, voire fossilisation, dans notre système spatio-temporel ?
Réponse : en laissant le minimum de place à la dimension ankylosante du temps.

Plus j'agis vite, c'est à dire que je concrétise une velléité de faire le bien en acte, plus je m'approche d'une asymptote spirituelle."

— Avraham Drai (citation écrite spécialement pour ce livre)

L'immédiateté est le temps de la Torah.

3.2 La liberté à tout prix

Et la liberté a un coût.
Ce ne sera ni facile, ni acquis. Cela fera peur, aussi. Les risques sont élevés et on ne sait pas ce qui se trouvera de l'autre côté.
Ainsi, la fête de Pessah rappelle aux enfants juifs du monde entier qu'il est normal que la liberté se paye au prix fort.
Les Hébreux ont préféré risquer la famine plutôt que de se contenter de la nourriture de leurs geôliers. Ils ont préféré dormir dans le froid du désert, plutôt que dans la tiédeur de leur maison d'esclaves.

La liberté a un coût élevé, et c'est ce que nous apprend cette fête. Elle n'est pas une (énième) histoire d'un peuple martyre et souffrant, comme beaucoup de juifs le pensent. Elle est en fait une histoire de libération par la volonté.

Façonné par des années de fête de Pessah, l'enfant juif devenu adulte se lance et tente l'aventure. Il en est capable car son instinct a accepté l'abandon du confort, l'abandon de la facilité. Il a intégré, depuis tout jeune, que la liberté a un prix élevé.

Il devient entrepreneur, artiste, scientifique ou freelance. Il sait ce qui l'attend, et se dit que, peut-être, il a déjà vécu cela, il y a bien longtemps. Il en a l'impression. Comme un sentiment de déjà vu.

Mais, en réalité, il a juste entendu chaque année la même histoire de la sortie d'Égypte. Il l'a tellement entendue qu'il pourrait presque croire que c'est la sienne. Pour une raison qu'il ignore, cette histoire fait partie de lui. L'enfant juif à qui on a enseigné la fête de Pessah (sous l'angle de la libération et non, donc, du martyre) est résilient. Il a inconsciemment accepté que cela sera dur.

La fête de Pessah est un véhicule qui crée depuis des millénaires des humains qui ont, probalistiquement, une acceptation du risque d'indépendance plus forte que la moyenne.

"The most common thing is the Torah that G says, is, in hebrew it's al-tirah, in english is "Do not be afraid".

— Source : Rabbi Wolpe in "What Religion Teaches Us About Freedom: Bishop Barron & Rabbi Wolpe | ROUNDTABLE | Rubin Report". Apr 2, 2021 https://www.youtube.com/watch?v=RrkRl8-wJ6U - (16min35sec)

Moïse n'a promis ni la richesse, ni la vie facile. Au contraire : il a promis une *"terre aride"* et qu'il faudra *"apprendre à travailler"*. Travailler longtemps et avec méthode, sans jamais abandonner. A une époque où les tribus conquéraient des terres pour leur richesse, Moïse a dirigé les Hébreux vers une terre sans aucune richesse. Une terre qu'il faudra rendre nourricière.

L'histoire de Moïse est la répétition inlassable de l'importance de la liberté et de son coût.

Cette histoire nous enseigne que « *c'est ainsi* », que « *c'est normal* » et que « *ça va aller* ». Que le prix est élevé et qu'à la fin de la route, la richesse n'est même pas promise puisque la terre sera aride.

"[Je n'ai à offrir que] Du sang, du labeur, des larmes et de la sueur. »

— Winston Churchill

Rien ne sera facile, mais il le faut.
Très bien, mais alors, comment convaincre et rassurer ? S'il faut embarquer le maximum de personnes, et que le futur est incertain et qu'il fait peur, on fait comment ? Existe-t-il un outil ?

3.3 Une libération a besoin d'une inspiration

L'histoire de Moïse répond à une suite logique de méthodes de libération.

Ainsi, une autre leçon nous est enseignée : celle de la nécessité d'inspirer une vision.

Pour que la libération ait lieu, nous avons tous besoin de la visualisation d'un futur possible.
Moïse a choisi son peuple. Mais, pour porter un peuple, il lui faut une vision. Avec la Terre Promise, il a décidé d'inspirer.

L'entrepreneur a besoin d'imaginer sa carrière avec son équipe, son produit et ses succès, pour se lancer.

La femme battue a besoin d'imaginer sa vie sans son bourreau pour confirmer sa soif de liberté.
L'employé a besoin d'imaginer son quotidien dans une meilleure entreprise, pour trouver la force de quitter son manager manipulateur.
L'adolescent a besoin d'imaginer sa vie de son choix pour se libérer de la pression éducative des parents.

La Terre Promise a été l'outil inspirationnel de Moïse pour convaincre les Hébreux de se libérer.

« *Hire, Fire and Inspire* » : les CEO savent que ces 3 mots sont, à nous CEO, nos trois seuls outils. Utilisez uniquement 2 de ces outils ou utilisez-en un quatrième, et vous manquerez à votre rôle de CEO.

Alors, inspirer, on fait comment ?

Ce n'est pas avec du rationnel, des chiffres, ni avec la logique, que l'on inspire. On inspire avec un futur que l'on a décidé de réaliser.

C'est ainsi qu'on y arrive.

Les CEO n'ont pas pour mission de convaincre avec des chiffres. L'univers leur réclame de convaincre par leur vision.
D a créé les mathématiques pour décrire le réel. Et Il a créé la vision, pour décrire le réel encore non-réalisé : le libre-arbitre.

Après tout, qui, parmi les Hommes, peut relever la mission de la vision, si ce n'est les leaders ? Dans toute l'Histoire, ce schéma se répète.
Mais à une époque où les leaders inspiraient dans un objectif de guerre, Moïse, lui, a été le premier à inspirer un peuple dans un objectif de libération.

"Georges Washington has been the same to us as Moses was to the Children of Israel."

— Un orateur à la mort du premier président des États-Unis.
Source: Feiler, Bruce (2009), America's Prophet: Moses and the American Story, William Morrow.

La vision est l'outil pour accéder à la libération.

La vision est l'outil pour motiver la libération. Le storytelling est l'outil de la vision.

Un des fabuleux messages de la fête de Pessah.
Comment décrire une vision ? Cela nous amène à notre prochaine partie : la technique du storytelling.

4. La culture du storytelling

"The Jewish people are said to be "a nation of storytellers" because they have a rich tradition of passing along parables, fables, folktales, and sacred tales that are handed down from generation to generation."

— Source : The Storyteller's Secret, par Carmine Gallo

4.1 La puissance du storytelling

Steve Jobs l'avait pressenti, Harari l'a expliqué : ce n'est pas un hasard si le storytelling est si présent chez l'homo sapien que nous sommes.

Les histoires, les narrations, les fables, s'imprègnent en nous.
Elles ont fait partie de toutes les époques et de tous les empires.
Elles possèdent un pouvoir.

Et il existe un peuple, lui, à qui on n'a même jamais laissé la possibilité de faire sans. Chaque année, pendant 2 heures, coincé entre un oncle qui lui demande le nom de sa ou son amoureux, et une tante qui lui pince les joues, l'enfant juif absorbe une histoire. L'histoire de l'Exode.
Il y a l'enfant qui s'ennuie, l'enfant qui se passionne et l'enfant à qui on force les gestes religieux, tels des T.O.C.
Mais, il n'empêche, que l'enfant juif devra rester autour de la table. Il n'a pas le choix. Et cela tous les ans. Cette histoire avec un héros et son objectif, sa mission. Un héros qui fait face à un challenge et face à des

vilains. Un héros qui vit des scènes qui se suivent et toutes liées les unes aux autres. Un héros, un hébreu, un des ses ancêtres.
Jusqu'au triomphe. Jusqu'à la victoire. Une histoire avec plusieurs morales. Et cette grand-mère, après avoir resservi 4 fois, qui demande pourquoi cet enfant mange si peu. Elle pose cette question en hébreux, en arabe, en français, en polonais ou en yiddish. Il parait que certaines posent même la question en portugais. L'akkadien a aussi entendu cette complainte, fut un temps, il paraît. L'espagnol. Peu importe la langue tant qu'on a les petits-enfants autour de cette table.
Quelle joie pour cette grand-mère que cette longue prière : elle pense nourrir ses petits-enfants avec de la nourriture, elle ne se rend pas compte que pendant ce temps, ils se nourrissent aussi intellectuellement.

4.2 La fête de Pessah enseigne aussi le storytelling

J'ai lu le livre de Gallo pour enrichir ce chapitre, et quel ne fut pas mon étonnement, ma joie, lorsque je suis tombé sur sa phrase, celle que j'ai citée en introduction.

Car, au fond, je l'avais un pressenti. Dans toutes les familles de proches et d'amis avec lesquelles je passe ce moment de Pessah, j'observe les enfants : même les plus jeunes connaissent par cœur l'ordre des événements. Ils posent des questions. Savent quand manger l'herbe amère, quand manger la matsa.
Ils se rappellent quand boire avec le coude posé, et pourquoi : *"C'est pour imiter les pharaons qui mangeaient allongés."* Ils retenaient tout, car une histoire s'était construite dans leur cerveau dès leur plus jeune âge. Ils s'amusaient avec cette histoire étant gamins. Ils s'amuseront avec le storytelling une fois adultes.

Le héros, les challenges, les ennemis, les miracles, la fin inespérée, la morale de l'histoire. Ils ne sont pas uniquement devant un film de Disney. Ils sont devant leur histoire, et ils la vivent physiquement. Ils en sont le résultat. Chaque enfant juif pourra remonter son arbre généalogique et trouver un ancêtre ayant vécu l'Exode.

Toute personne ayant participé à une fête de Pessah remarque à quelle point la prière est imagée et l'histoire intrigante.

Tous les ans. A chaque fois. Et depuis leur naissance. Encore et encore. Sans interruption. Depuis 3300 ans. 3300 ans sans aucune interruption dans l'Histoire (ou presque, des interruptions ayant eu lieu lorsque les juifs devaient se cacher ou encore durant l'année 2020 du fait de l'interdiction des rassemblements mise en place par quelques gouvernements lors de l'épidémie du Covid-19).
Le storytelling est un outil puissant, et l'enfant juif, qu'il le veuille ou non, en infuse la méthode. Petit à petit, chaque année. Les unes après les autres. Inlassablement.

Retirez la fête de Pessah et vous n'aurez plus aucun Jerry Seinfeld, plus aucun Steven Spielberg, ni Yuval Harari en l'espace de moins de trois générations.

Ce peuple et son leader, Moïse, enseignent lors de la fête de Pessah les challenges, les risques mais aussi les méthodes d'un bon leadership.
Moïse était le premier CEO de l'histoire et les enfants juifs bénéficient de ce cadeau chaque année. Comme si un séminaire invitait tous les ans Richard Branson, Harari, Ben Horowitz, Gary Vee et Steve Jobs pour délivrer leurs conseils et transmettre leurs inspirations, à un enfant coincé entre son oncle et sa tante. La fête de Pessah est un magnifique cadeau fait au peuple juif.

Vous l'aurez compris, je crois que cette fête construit chaque année une partie de l'intellect chez beaucoup d'enfants juifs.

La fête de Pessah était la seule fête que mon grand-père paternel, bien que plus ou moins proche ou éloigné de la religion juive suivant les périodes de sa vie, souhaitait célébrer tous les ans avec ses enfants et petits-enfants. J'étais enfant quand il nous a quitté mais je sais que je suis le résultat de ces moments en famille. Ce cadeau est magnifique pour moi car il a été porté par mon grand-père et par 3300 ans d'histoire de mes ancêtres. Je me sens profondément hébreux, profondément juif, durant cette fête. Je me sens profondément ancré dans le sol et dans le présent, durant cette fête. Il n'y a pas plus puissant en moi que cette fête de Pessah, et, cela, je le dois à mon grand-père. L'amour inconditionnel de ma vie.

Et tous les chrétiens, les athées et les musulmans que nous avons invités à partager Pessah, tous, on été séduit par cette histoire, et comment elle s'est prolongée dans le temps, jusqu'à nous.

"The most powerful person in the world is the storyteller. The storyteller sets the vision, values and agenda of an entire generation to come."
— *Steve Jobs*

4.3 Storytelling, l'outil des CEO pour convaincre

Maintenant que nous avons compris la puissance du storytelling, posons-nous la question suivante : *"Comment l'appliquer en tant que CEO ?"*

D'abord, bien évidemment, le monde connaît un nombre incalculable de bons storytellers, et 99% d'entre eux n'ont jamais participé à une célébration de Pessah. La puissance du storytelling est un outil que les leaders se passent entre eux lorsqu'il s'agit de se partager de bonnes pratiques.

Ainsi, restons dans l'exemple qui nous intéresse ici : les CEO. Comment les meilleurs CEO utilisent-ils l'outil du storytelling ?

La première étape est d'être conscient de l'existence de ce puissant outil. Lire ce livre, lire Gallo, Harari ou écouter Steve Jobs, permet déjà d'entrer dans ce cercle d'initiés. Certains, peut-être était-ce le cas de Steve Jobs, l'ont pressentis eux-même, sans avoir eu besoin de le découvrir via d'autres.
En tout cas, si vous lisez ces lignes, nous pouvons considérer que vous avez passé dans tous les cas cette première étape : celle de la prise de conscience.

Quelle est donc l'étape suivante ?

La deuxième étape est celle-ci : *ne plus faire l'erreur de parler de chiffres, mais de commencer à décrire le futur de votre industrie.*

Et nous vous avions déjà préparé cette réponse, dans le chapitre sur la Vision. Souvenez-vous de ce que nous disions : "*Ainsi, les CEO doivent arrêter de tenter de convaincre avec des chiffres. L'univers leur réclame de convaincre par leur vision.*"

Parlez de votre vision, expliquez le futur.

Puisque vous parlerez du futur, vous ne pourrez pas parler de chiffres. Vous ne pourrez pas parler non plus de faits. Vous parlerez de ce qui n'existe pas encore. De ce qui ne s'est pas réalisé à date. Du réel encore non-réalisé.

"Homo sapiens is a storytelling animal that thinks in stories rather than in numbers or graphs, […]"
— *Source : 21 Lessons for the 21st Century - Yuval Noah Harari*

Expliquer le futur vous forcera à entrer dans un schéma de storytelling. Un storytelling avec une situation initiale dans votre industrie (le passé), puis un challenge (la stratégie à prendre aujourd'hui), puis une vision avec une fin radieuse (le futur).

C'est cela le secret : parler du futur. Tel devrait-être l'unique sujet de discussion d'un CEO avec son équipe.

Pour que vous compreniez bien, voici un exemple dans le monde des start-ups :

Prenons une entreprise start-up dont la technologie principale commence à être maîtrisée par de plus en plus de concurrents sur le marché. Un cas classique chez les start-ups et qui, d'ailleurs, décrit une situation assez anxiogène pour les CEO : la commoditisation de leur technologie.

Un CEO lambda, après avoir trouvé la solution pour sauver l'avenir de son logiciel, va réunir son équipe et lui dire :

"Il nous faut nous réinventer, car les chiffres montrent que notre croissance va se tasser de 20% par an si nous ne réagissons pas : de plus en plus de concurrents commencent à maîtriser notre technologie et nous copient très

vite. Je souhaite que vous pensiez tous ensemble à ajouter de l'intelligence artificielle dans notre logiciel, car nous possédons déjà beaucoup de données.
Construisez des équipes inter-départements, de 5 personnes pour arriver à une solution. Je sais que vous allez y arriver. Nous souhaitons doubler notre chiffre d'affaires en 2 ans, et allons investir 20% de plus en R&D cette année."

Etc…

Un cas classique de management par un CEO. Sauf que le fait de "manager" n'est pas "inspirer".

Essayons donc autre chose : amenez votre équipe vers le même objectif, mais avec du storytelling, et observez le changement.

"*Notre industrie va subir un grand chamboulement : de plus en plus de nos concurrents vont entrer sur le marché car ils commencent à maîtriser notre technologie **[le passé]**. Nous sommes en train de devenir une commodité **[le présent, la situation actuelle]**. Si nous restons une commodité trop longtemps, ces nouveaux entrants attaqueront notre base clients en leur proposant un prix plus bas **[la menace]**. Cela fragilisera l'entreprise, vous le comprenez bien.*
*Mais, tous ensemble, nous pouvons trouver une stratégie car nous avons toujours eu des idées innovantes **[le leader amène son peuple]**. Ainsi, imaginez si demain nous arrivions à lancer une fonctionnalité qui créerait un saut technologique si grand **[votre Terre Promise]** que ces nouveaux entrants abandonneraient tout espoir d'entrer dans notre marché.*

Cette brique technologique existe.

*Elle utilisera de l'intelligence artificielle, car une des briques que ces nouveaux entrants ne possèdent pas et que nous possédons, correspond à toute cette data que nous avons emmagasinée depuis que nous existons. Tous ensemble nous pouvons y arriver. Je vous demande de créer des équipes inter-départements et de réfléchir à comment vous pourriez utiliser l'intelligence artificielle pour réussir ce saut technologique **[ne pas abandonner, un miracle arrivera]**. Nous avons besoin des idées de tout le monde. Je sais que vous allez y arriver. Nos valeurs sont fortes **[vos valeurs sont inscrites sur du PVC et affichées]** et nous savons rester solidaires les uns avec les autres."*

Et voilà.

Beaucoup plus puissant n'est-ce pas ? Pourtant, nous parlons ici dans les deux cas de la même décision, du même objectif, de la même stratégie et de la même façon de la déployer. Mais dans le second cas, tout se fait sans parler avec des chiffres. Uniquement avec du storytelling. C'est ainsi qu'un CEO porte son équipe.

Bien sûr, il faudra que vous même vous y croyez, en cette stratégie. La puissance du storytelling viendra aussi de là. Vos tripes doivent parler, et, elles, à la différence de votre cerveau, ne savent pas mentir à une audience.

***

Nous l'avons donc expliqué lors de ce chapitre : le storytelling est ainsi un outil clef pour les CEO et les leaders en général.

La partie suivante va nous amener vers un sujet étonnant raconté dans l'Exode : celui lorsque Moïse, et cela malgré sa stature et ses succès, a fait face à une résistance d'une partie du peuple qu'il a libéré.

Et vous verrez qu'il s'agit là aussi d'une leçon de management. Une leçon en rapport avec un challenge qui vous arrivera forcément. Un sujet que je ne crois pas avoir été étudié dans d'autres livres de management ou de business.

Car, hélas, malgré tout ce que nous avons analysé jusqu'à présent (lister ses valeurs sur un support physique, le questionnement de l'esclavage à toutes les époques, l'outil de la vision et la maîtrise du stotelling), le risque décridibilisation en interne continuera à exister pour vous.

Et tel est l'enseignement de la prochaine partie. Une partie qui, ensuite, nous fera office de transition vers un des plus forts messages de la Torah : le reniement de l'idolâtrie.

5. Le passage des murmures

5.1 Accepter les commérages, pour ne pas devenir un patron-esclavagiste

La fête de Pessah possède plusieurs passages dans lesquels Moïse semble perdre toute crédibilité et tout prestige face aux Hébreux, peuple qu'il a pourtant libéré de l'esclavage.
Moïse a tout fait en suivant les règles : il a réussi sa mission de libération, il a inspiré son peuple, et il communique directement avec D.

Et pourtant... Malgré tout cela, Moïse fera plusieurs fois face à la rébellion ou aux commérages et devra même faire face à une tentative de destitution de la part d'autres personnages influents. Certains personnages qu'il avait d'ailleurs lui-même promus aux plus hautes responsabilités. Passage étonnant de la Torah, n'est-ce pas ?

Alors des rabbins se sont posé la question : si Moïse s'adresse directement à D, comment est-ce possible que ce peuple, qui croit en ce même D, puisse un instant lancer des commérages sur Moïse ? De plus, pourquoi ce peuple a-t-il encore besoin de preuves et de courages de la part de Moïse ? Pourquoi cette défiance ? Défiance qui ira jusqu'à des révoltes internes. Pourquoi ?

Pour expliquer le passage des murmures face à Moïse dans la Torah, certains diront que *"ce peuple, décidément, ne fait rien comme les autres, et ne respecte pas même leurs prophètes."* Et c'est vrai, ce peuple ne fait

rien comme les autres, et, nous le verrons même à d'autres reprises, remettra même en cause l'autorité de D Lui-même.
Mais une fois cela dit et acté, il n'en reste pas moins que l'autorité de Moïse a été remise en question, plusieurs fois même. Des commérages. Des ragots. Des murmures, comme la Torah le décrit plus lyriquement.
Alors, pourquoi ?

Selon les rabbins, rien, pas même une virgule, ne manque ni n'est en trop dans la Torah. Alors, encore une fois, posons-nous la question : pourquoi ces passages ?

Pour comprendre, il faut se demander ce que ces passages tentent de nous enseigner.
Avançons ensemble.

Aujourd'hui, le patron n'est plus synonyme d'autorité. Il n'est plus celui auquel on obéit. Il n'est plus celui dont on attend la parole pour savoir quoi faire. Tout est devenu plus complexe pour un CEO. Et c'est encore plus le cas dans les startups, où les CEO font face à une génération qui va plus vite, qui sait mieux coder, qui sait mieux vendre et mieux délivrer, que les patrons eux-mêmes.
C'est, en plus, une génération impatiente, une génération qui veut monter vite dans l'organigramme hiérarchique, gloutonne de technologie et de savoir, encline à la remise en question constante des décisions prises par l'autorité.

Alors, comment fait-on ?
Comment asseoir son autorité ?

Tous ces moments où Moïse fut confronté, challengé, par une partie ou la totalité du peuple hébreu, celui-là même qu'il libérait, quelle réponse fut apportée ? Comment Moïse évite ou au moins contrôle les insurrections ?

Où se trouve l'explication, la solution, dans la Torah ?

Et bien ... j'ai été surpris de constater que la solution ne s'y trouvait pas. Moïse fait face à la défiance au sein de sa propre équipe et il ne trouve aucun moyen pour l'éviter. Il ne trouve aucun moyen.

Imaginez, Moïse, alors qu'il parle directement à D, a lui aussi été challengé par son peuple. Et plusieurs fois même. En premier lieu, il y a eu l'incroyable épisode du Veau d'Or que nous aborderons bientôt dans ce livre. Une partie du peuple a aussi commencé à reprocher à Moïse de l'avoir sorti du confort de l'Égypte pour le faire vivre dans le désert. Le peuple hébreu reprochera beaucoup à Moïse. Dire que le peuple hébreu est un peuple de rebelles ne peut suffir à expliquer ces moments, à la vue de la puissance de Moïse. Comment un tel prophète peut-il faire face à la remise en question des ses décisions ?

...

C'est lors de l'épisode des murmures contre Moïse que j'ai compris le message.

Je vivais moi-même une période difficile dans ma société et je devais faire face à des murmures, des ragots, qui circulaient contre moi et mes décisions. Ce fut un épisode compliqué pour moi, pour la boite et pour, je pense, l'ensemble de l'équipe. Pour les finances aussi. Un passage que tout CEO a déjà dû subir dans sa carrière. Plusieurs fois, parfois.

Durant cette période difficile est arrivé le soir de Pessah, et c'est cela qui m'a guidé.
Le passage des murmures est venu comme une libération, un poids en moins sur mes épaules. Pour la énième fois de ma vie, j'entendais que Moïse n'avait pu éviter une insurrection en interne, et que, en plus, il n'avait pas trouvé de solution.

Et c'est à ce moment-là, étonnamment, que l'apaisement a pris place en moi...

Si même Moïse, aidé de D, a fait face aux mêmes soucis que moi sans trouver de solution, qui suis-je pour penser qu'il en existe une ? Si selon nous D a créé l'univers, alors il a tout créé, dont le libre-arbitre. Et ce libre-arbitre peut se retourner contre n'importe qui, même contre un prophète. Même contre un prophète. Un prophète au comportement irréprochable, et qui s'adresse directement à D. Imaginez !
Qui suis-je, alors, moi, pour penser qu'à ma petite échelle de succès j'en serais immunisé ? Moïse n'a pas trouvé de solution pour l'éviter, alors je ne l'éviterai pas moi non plus. Point. Le libre-arbitre existe dans notre univers, donc D a souhaité le libre-arbitre.

Tout mon stress a disparu d'un coup. Il n'y a pas de solution, et cela arrive même aux plus Grands de ce monde.

« En maîtrisant sa passion, il révèle sa force de caractère pour assumer de hautes fonctions. »

— source : « Citations talmudiques expliquées », p.87, Philippe Haddad - Éditions Eyrolles, 2013

A ce moment-là, l'énervement que je ressentais vis à vis de mon équipe s'est transformé en harmonie.

Il y a du Moïse dans cette transformation d'un sentiment négatif en un sentiment positif. Il y aussi beaucoup de Jésus. Je ne suis pas chrétien, et je me sens profondément juif, mais je sais, et je souhaite, que le message de Jésus résonne en moi, car il est universel et magnifique.

J'apprenais, donc, qu'il n'y avait pas de réponse à donner. J'apprenais que c'était ainsi. J'apprenais que ce qui est est.

***

Par la même occasion, j'apprendrai, aussi, qu'il y avait un comportement à adopter face à ce challenge. Et tel est le sujet du chapitre suivant.

Quel est ce comportement ? Le passage de l'Exode l'enseigne aux enfants lors de la fête de Pessah : être un patron-leader et non pas un patron-esclavagiste.
Nous allons voir ensemble la différence entre ces deux notions. Et, j'en suis certain, cela vous aidera à devenir un meilleur leader.

5.2 Moïse a protégé son peuple comme le CEO doit protéger son équipe.

Si la Torah et l'histoire de Moïse ne nous listent pas de solution pour éviter les murmures, les conflits hiérarchiques, les ragots, elles nous enseignent cependant l'attitude et le comportement à avoir avec notre équipe, avec notre famille et avec nos amis : nous devons les défendre envers et contre tout. Peu importe face à qui, et qu'ils aient raison ou pas.
Moïse, lui, a même défendu son peuple face à D.
Et il s'agit d'un message incroyable dans l'Exode.

Découvrons-le ensemble.

Les livres qui expliquent comment être un bon CEO s'accordent, on l'a déjà dit, sur un point : un leader possède trois outils et uniquement trois. Durant toute son histoire, Moïse n'utilise d'ailleurs que ceux-là : "*Hire - Fire - Inspire*".

« *Hire* » : Moïse a choisi de libérer le peuple hébreu et a accepté que certains ne le suivent pas.
« *Fire* » : il a aussi "*viré*" une partie de son peuple. Notamment lors du passage du Veaux d'Or, comme nous le verrons dans la 6ème partie de ce livre, celle nommée "*Le reniement de l'idolâtrie*".

Reste donc le "*Inspire*". Voici comment la Torah en parle.

Lorsque Moïse se rend compte que les Hébreux, impatients et agacés de sa retraite sur le mont Sinaï, ont créé une idolâtrie autre que D, il est furieux contre eux. D demande alors à Moïse de le laisser punir ce peuple et d'en choisir un autre qui diffusera la connaissance d'un dieu unique. Mais, contre toute attente, Moïse choisit de se rebeller et il challenge D : s'il punit le peuple de son propre Livre, alors que D le retire lui aussi, Moïse, de ce Livre. « *Pardonne maintenant leur péché ! Sinon efface-moi du Livre que tu as écrit* ». (Ex 32, 10)
Un acte surprenant dans la Torah, et très marquant.

En tout cas, au final D se ravisera et Moïse gagnera : il a protégé son peuple contre la colère de D. Un acte d'une noblesse incroyable.

« L'audace est efficace, même contre le ciel. »

— source : Talmud de Babylone 105 a, « Citations talmudiques expliquées », p.95, Philippe Haddad - Éditions Eyrolles, 2013

J'ai naturellement toujours agi ainsi avec mes équipes. Je les ai toujours défendues et protégées face à des clients, même quand ces derniers avaient raison. Bien sûr, si l'équipe avait fait une erreur, je recevais chaque membre en privé et expliquais la situation telle que je la percevais. Mais sur le moment, et face au client, mon premier réflexe a toujours été celui d'être du côté de l'équipe. Il n'était pas question pour moi de les sacrifier pour garder un contrat. Idem avec un prospect, peu importe le montant du contrat que nous risquions de perdre, j'ai toujours choisi la protection de l'équipe comme choix.

Car, puisque Moïse a pu s'opposer à D pour protéger son peuple, alors un CEO se doit de faire de même face aux clients ou aux prospects : il doit prendre le parti de son équipe. Toujours.

Inspirer son équipe, ce n'est pas avoir les meilleures idées ni prendre les meilleures décisions. Non. On tomberait sinon dans l'idolâtrie.

Un CEO inspire son équipe parce qu'il la soutient coûte que coûte. Même après qu'elle se sera rebellée contre lui.

Et c'est parce que vos collaborateurs et vos salariés savent que vous irez au front pour eux, qu'ils iront au front pour vous en retour.

Nous sommes tous des humains et nous avons tous besoin de nous sentir protégés. Lorsqu'un conflit arrivera avec un client, vous serez observé par votre équipe. Cela sera le moment du test. A vous de choisir le chemin de Moïse ou du petit chef. Le chemin du patron-leader ou du patron-esclavagiste.

Moïse s'est opposé à D. Alors, croyez-moi, vous n'avez aucune excuse pour ne pas protéger votre équipe face à un simple humain : le client, le prospect, le partenaire. Aucune. Je répète : aucune.

En étant second, en étant un bouclier toujours présent pour son peuple, Moïse est devenu une inspiration pour lui.

Et ce geste est inspirant.

Chaque soir de Pessah, se construit dans l'esprit de l'enfant juif une personnalité qui sera plus à même de protéger ceux qui mettraient en eux leur confiance. A protéger ceux qui ont décidé de le suivre. Même lorsque cette confiance sera remise en question.

Un CEO, un leader, est second.
Depuis 3300 ans, l'enfant juif, lorsqu'il a eu la chance de participer à des fêtes de Pessah, ressentait l'enseignement de Simon Sinek avant même qu'il ne l'écrive :

« Leaders eat last. »

— *Simon Sinek*

5.3 Accepter les murmures, et continuer à faire grandir ses employés.

Il ne faudra jamais arrêter d'inspirer son équipe. Même, comme nous venons de le voir, durant des moments de tensions internes.
Faire grandir, c'est transmettre son savoir. Moïse a commis des erreurs, il a eu des énervements aussi, notamment lorsqu'il a brisé une première fois les Tables. Il est un humain, après tout.

Mais Moïse, parce qu'il ne mène pas un peuple vers une guerre, mais vers une libération, se devait de s'assurer que ce peuple pourra grandir sans lui. Le peuple du Livre était officialisé.
Pour ceux qui ont eu la chance de participer, par exemple, à une cérémonie de mariage ou de bar mitsva dans une synagogue, se sont

peut-être fait la remarque que le discours du rabbin est plus proche d'un cours universitaire (via la lecture puis l'interprétation d'une paracha en fonction des noms des mariés), que d'une suite de prières.

J'ai appliqué naturellement ce concept dès mes débuts d'entrepreneur. Je voulais que mon équipe soit plus intelligente que moi. Pour y parvenir, j'ai évidemment recruté de nombreuses personnes plus qualifiées que je ne l'étais. Une pratique classique chez les CEO et les managers. Mais j'ai aussi aidé à grandir celles qui l'étaient moins. J'avais été donné cette capacité (ce qui veut dire qu'elle ne m'appartient pas, comme nous le verrons dans la prochaine partie, car tout est créé par D) alors je l'ai utilisée.

Comment ?

J'ai instauré de longs entretiens en face à face, sans ordinateur et téléphone éteint.
J'ai partagé des citations des livres que je lisais
J'ai rédigé nos valeurs sur des tableaux en dur.
J'ai eu confiance en leur travail.
J'ai essayé d'éviter le micro-management.

L'importance de l'écriture, de la lecture, de la transmission.

Ce n'est pas étonnant que le peuple juif a été appelé « le Peuple du Livre » par les chrétiens et les musulmans.

Ce n'est pas non plus un hasard si après chaque déportation, chaque pogrom, chaque exil, le premier acte que faisaient les rabbins était de ré-écrire la Torah et le Talmud dans la langue du nouveau pays d'accueil. C'est magnifique. Aucun peuple n'a jamais procédé ainsi. Les rabbins sont des êtres d'une puissance admirable et millénaire.

La Torah n'est pas un objet sacré en lui-même. Sa force est dans son étude. C'est pour cette raison que son étude, et donc son devoir de compréhension, débute le plus tôt possible, et dont la mizvot en est la continuité (à 12 ans pour les filles et à 13 ans pour les garçons).

L'histoire de Pessah est un des véhicules pour s'assurer que l'étude de la Torah traverse les temps, les guerres, les déportations, les génocides… les oublis.

Moïse a projeté son peuple dans l'avenir du temps avec la culture du savoir, de la transmission, de la quête de la liberté, la culture de la résilience et la culture de l'écriture. Tout cela via Le Livre, la Torah. Il y a 3300 ans.

"Être juif c'est appartenir à une civilisation qui s'est rendue invincible grâce aux mots, aux livres et aux discussions. Elle est une civilisation de transmission, et non pas de conversion."

- Bernard-Henri Levy

Partagez votre savoir, en utilisant l'outil du storytelling si possible, avec vos équipes, et sur les sujets que vous ne maîtrisez pas, offrez leur des formations de manière continue, par des coachs ou des cabinets de formations réputés. Ne soyez pas avares sur ce sujet. Au contraire, soyez trop généreux : faire grandir vos employés est une de vos missions de CEO.

***

Nous avons donc vu ici que même les meilleurs leaders font et feront face à des ragots en interne, alors même qu'il est le créateur (le plus souvent) de la société en question.

Le fait que même le CEO puisse donc perdre le contrôle de sa propre création, nous amène à un message important de Pessah. Un message que les CEO du monde entier ne comprennent que trop tard : l'idolâtrie.

Certains vont arriver, là encore, à la conclusion bien vite. Dire que, oui, l'idolâtrie est interdite dans le judaïsme, et ils vous parleront du Veaux d'Or. Mais ce passage va plus loin. La Torah ne nous enseigne pas l'interdiction de l'idolâtrie. Comme elle sait si bien le faire, elle va, là encore, plus loin. La Torah parle du reniement de l'idolâtrie. Et la différence entre le mot "interdiction" et "reniement" est une leçon incroyable, et dont même peu de juifs en ont évalué la portée réelle.

Il faut en ressentir le malaise au plus profond de son être. Il faut en ressentir le reniement. Les mots sont tous choisis avec précision dans la Torah, ne l'oubliez pas.
Ce message du reniement de l'idolâtrie va vous ouvrir une nouvelle porte. Une porte qui vous rendra plus libre, car avec moins de croyances inutiles, y compris en vous-même.

Allons-y, ouvrons cette porte ensemble.

6. Le Reniement de l'idolâtrie

Idolâtrie : « Culte rendu à des idoles ou à des créatures adorées comme la divinité même."
Wikipedia.

Via le passage du Veau d'Or, la Torah nous interpelle sur l'idolâtrie. Il s'agit d'un principe nouveau, qui n'était apparu dans aucune autre philosophie, religion, ou croyance.
Pour comprendre cette partie, il est d'abord nécessaire de savoir que la Torah ne demande pas juste l'interdiction de l'idolâtrie, mais son reniement. Car, en effet, les rabbins vous diront que si D n'avait pas souhaité que l'Homme puisse idolâtrer une autre entité que Lui, alors il Lui aurait tout simplement fallu de ne pas créer l'idolâtrie au sein de Sa Création.

Donc le reniement est l'acceptation que l'idolâtrie existe, et il faut se l'interdire de façon conscientisée.

Pour bien comprendre l'importance de renier l'idolâtrie et non pas seulement de l'interdire, nous allons devoir passer par plusieurs étapes : d'abord, il va falloir comprendre pourquoi ne pas s'idolâtrer soit-même n'est pas seulement être humble, puis comprendre que les objets non plus ne peuvent pas être idolâtrés, puis nous ferons le jeux mental de tenter de penser aux frontières de la Création.

6.1 N'idôlatrer ni soit, ni personne, ni objet, ni idéologie

Selon le livre d'Esther « *Est juif celui qui n'idolâtre pas* ».

Le livre d'Esther ne parle pas de transmission de la judéité par la mère (une notion qui n'existe pas dans la Torah), il ne parle pas non plus de manger casher, il ne parle pas non plus de respect des fêtes religieuses. Non. Ce livre, pour décrire le juif, se focalise sur le reniement de l'idolâtrie.

Et, oui, si vous me posez la question, il existe de nombreux juifs aujourd'hui qui idolâtrent. Que ce soit le sang de la mère, que ce soit des rites religieux sans fondement, que ce soit une star de cinéma, ou, pire, eux-mêmes, de très nombreux juifs idolâtrent de nos jours.

Mais, avançons sur l'importance du reniement de l'idolâtrie. Si D avait voulu interdire l'idolâtrie, il Lui aurait tout simplement fallu ne pas la créer au sein de Sa Création.
Or elle existe.

Pourquoi ?

Si D ne veut pas qu'on ait des idoles, mais qu'en même temps il laisse l'idolâtrie exister, c'est qu'il voulait qu'on ait la possibilité, donc, de la renier, de la rejeter.

« Tu n'auras pas d'autres dieux devant moi. Tu ne te feras pas de statue, ni aucune forme de ce qui est dans le ciel, en haut, de ce qui est sur la terre, en bas, ou de ce qui est au-dessous de la terre, dans les eaux. Tu ne prosterneras pas devant ces choses-là et tu ne les serviras pas. »
Livre de l'Exode

Le message fort de Moïse n'est donc pas seulement celui du monothéisme. Il est aussi celui du reniement de l'idolâtrie d'autres entitées que D.

Ce passage du Veau d'Or est un message puissant de la Torah. Il faut bien le comprendre, le digérer et se l'approprier pour en ressentir la puissance.
Ce passage ne parle pas de l'idolâtrie de l'argent, ni de l'or.
Ce passage ne parle pas non plus d'humilité.
Ce passage ne parle pas non plus de soumission totale à D, même si ce message est vrai (et l'Islam en parle magnifiquement).
Ce passage ne parle pas non plus de l'importance d'éviter de chercher un guru, comme l'enseigne si bien Krishnamurti.

Ce passage parle avant tout du reniement de l'idolâtrie, parce que, justement, l'idolâtrie a été rendue possible dans la Création. La question souvent posée est celle-ci : "*Si D s'est énervé contre les Hébreux d'avoir idolâtré un objet, pourquoi a-t-il laissé faire ? Pourquoi a-t-il laissé cela possible, si Il est tout puissant ?*"

D a créé le libre-arbitre, y compris dans l'idolâtrie, afin de permettre au reniement la possibilité d'exister, car là est Son véritable objectif : qui renie et qui ne renie pas.

« Qui est juif ? Quiconque renie l'idolâtrie. »
Talmud de Babylone, Méquila 13a

Comprendre la puissance de ce message peut prendre du temps. Des années pour la plupart d'entre nous.

6.2 Ne pas s'idolâtrer soi-même : le fil de cuivre et le bout de bois.

Nous allons dans ce chapitre apprendre la différence entre ne pas s'idolâtrer soi-même et l'humilité.

Commençons par cette question : que penser de soi-même et de ses succès ?

Quelle est la bonne réaction à adopter lorsqu'on est le CEO d'une société à succès ? Ou un sportif de haut niveau ? Une star internationale ? Un scientifique récompensé d'un prix Nobel ? Le manager d'une équipe qui dépasse ses objectifs ?
Des réponses faciles viennent tout de suite à l'esprit : rester humble, remercier ses coéquipiers, remercier la vie, garder la tête froide, etc...
On pense à l'égo, dont Eckhart Tolle en parle très bien dans son livre « *New Earth* ».
Dans le cas, plus précis, du CEO, on pense à Barenton, ce dernier nous rappelant que "*Une des erreurs d'un chef d'entreprise est de se croire le seigneur de l'affaire qu'il dirige.*"
Deux livres qui ont changé ma façon d'appréhender la vie et que je vous recommande.

Pour autant, ce serait une erreur de croire que se libérer de l'égo suffit à ne pas s'idolâtrer, car, ici, nous resterions uniquement au niveau de l'étape de l'humilité. On se dit à soi-même "*Je suis un leader inspirant, car j'arrive à amener des équipes dans un projet commun, mais en toute humilité, sans eux la société ne serait pas un tel succès.*"
Or ici, bien qu'on reste humble, on reste pourtant dans l'idolâtrie de soi-même, car on pense que ce talent de pouvoir inspirer nous appartient.

Pour être dans la non-idolâtrie de soi-même, il nous faut donc digérer un autre concept : au bout du bout, rien ne vient de notre création.
La réalité est que nos succès ne sont ni grâce à nous, ni grâce à notre être. Nos succès sont les nôtres et nous appartiennent, mais ils ont été possible grâce à des qualités qui sont aussi les nôtres, mais qui ne nous appartiennent pas.

Et pour aller plus loin, ni même nos qualités ne sont de notre propre création. Elles viennent et sortent, effectivement, de nous. Mais elles ne sont pas nos créations.

A cette affirmation, voici les contre-arguments les plus souvent cités :
« *C'est grâce à ma motivation si j'en suis arrivé là.* »
« *C'est parce que je me suis entraîné dur que je suis un grand sportif.* »
« *Durant mon adolescence, je suis resté concentré pendant des heures à apprendre le droit afin de devenir un grand avocat, alors que mes amis s'amusaient.* »

Si c'est ce que vous pensez, écoutez les rabbins et ce qu'ils vous rétorqueront : « *Tu n'as pas inventé l'intelligence (ou la motivation), donc ton intelligence (ou ta motivation) n'est pas à toi.* »
Là, vous leur répondrez donc « *L'intelligence ne m'appartient peut-être pas, d'accord, mais c'est moi qui ai passé des soirées entières à étudier médecine, pendant que mes amis sortaient en boîte de nuit.* »
Ce à quoi les rabbins vous répondront : « *Tu n'as pas non plus inventé la capacité de travail, ni celle de concentration.* »

Là, encore, vous aurez une réponse : « *Il n'en reste pas moins que maintenant que je suis médecin, je peux faire avancer la science.* »
Ce à quoi les rabbins vous répondront : « *Que dit ce fil de cuivre à ce bout de bois ? "Sans moi, il n'y aurait pas d'électricité". Ce fil de cuivre croit, et c'est logique de son point de vue, qu'il a créé de l'électricité. Et, hélas, tu*

penses pareil. Oui, tu fais avancer la science, mais tu n'as pas créé le fait que la science puisse avancer. »

Alors, vous, l'intelligent, vous allez commencer à douter. Et, là, le rabbin lancera son assaut final :

« *Puisque tu n'es pas notre Créateur, alors tu utilises des outils de Sa Création pour créer. Ton intelligence et ta volonté ne t'appartiennent donc pas. Tel ce fil de cuivre, tu es un tube que D a créé pour transmettre. Tu transmets ton savoir, au même titre que ce fil de cuivre transmet de l'électricité. Mais il n'a pas inventé l'électricité, n'est-ce pas ?* »

Nous sommes un tube. C'est tout. Comme pour les matières, certaines transportent l'électricité mieux que d'autres. Certaines protègent du froid mieux que d'autres. Certaines, même, n'ont pas d'utilité évidente.
En tout cas, si cette planche de bois ne peut transmettre l'électricité, est-ce une raison pour ce fil conducteur de penser qu'il crée l'électricité ? Est-ce que le fil conducteur est le créateur de l'électricité ? Oui ou non ?

Non.

Chaque fois que cette lampe s'allume, pensez-vous que ce fil conducteur croit qu'il crée l'électricité, ou pensez-vous qu'il soit au courant qu'il existe des centrales électriques qui génèrent cette électricité ? Si vous croyez que votre capacité à inspirer, votre capacité à travailler, ou encore votre capacité à s'entraîner pour un championnat, sont vos créations, alors vous êtes en train d'appliquer le même raisonnement que ce fil de cuivre.

Vous n'avez pas créé la capacité de travail. Vous n'avez pas créé la capacité de concentration. Vous n'avez pas créé le talent de bien chanter, ou de bien écrire. Ces capacités existaient déjà dans la Création avant vous. Donc vous ne les avez pas créées. Tel ce fil de cuivre, vous n'êtes que le tube. Le libre-arbitre, créé par D aussi, vous permet de décider ce que vous souhaitez faire entrer et sortir du tube que vous êtes. Mais ce qui y passe, vous ne l'avez pas créé. Si un fil conducteur pouvait parler, il vous dirait que c'est lui qui allume cette lampe. Et vous lui répondrez que non, qu'il est juste un conducteur de cette énergie, l'électricité. Une énergie comme l'est le talent de pouvoir inspirer, une énergie comme l'est l'intelligence, une énergie comme l'est la capacité de travail ou de concentration. Votre talent d'inspirer ne vous rend pas plus créateur que ce fil de cuivre vis-à-vis de l'électricité. Ce n'est pas le fil de cuivre qui allume la lampe, ce n'est pas vous qui inspirez votre équipe. Tel ce fil de cuivre, vous êtes le tube par qui passe cette énergie. Une fois que vous suivez ce raisonnement, vous n'aurez plus l'utilité d'être humble, puisque rien n'est de vous. Ne vous idolatrez pas vous-même.

Nous sommes des fils de cuivre, nous ne sommes que des tubes. Nous sommes presque rien.

Et on voit donc se dessiner la différence entre interdire l'idolâtrie et renier l'idolâtrie.
S'interdire de s'idolâtrer, consisterait à dire "je suis travailleur et intelligent, j'ai du succès. Mais je reste humble."

Mais renier l'idolâtrie va plus loin : *"je suis travailleur et intelligent, j'ai du succès. Mais ce n'est pas moi qui ait créé cette capacité que j'ai à travailler longuement et à apprendre vite. Je suis seulement le tube."*

« Le dictionnaire hébreu ne possède pas le verbe "avoir". »
(source : L'Exode à côté duquel vous avez failli passer." - Rav David Fohrman

Dès que vous penserez que vous êtes le créateur de vos talents, replacez-vous mentalement dans une discussion fictive avec ce fil de cuivre, et expliquez-lui qu'il n'est pas celui qui allume la lampe. Puis, imaginez une entitée hors de la Création, vous tenir, à vous, ce même discours que vous venez de tenir à ce fil de cuivre.

S'interdire l'idolâtrie de soi-même, c'est rester humble de soi.
Renier l'idolâtrie de soi-même, c'est se libérer de soi.

Libérez-vous de votre propre idolâtrie, allez plus loin que la simple humilité et ressentez la libération qui commence à s'infuser en vous.
Sentez-vous cette énergie de transmission que vous souhaitez encore plus libérer ?
Je devine que oui, parce que comme ce fil de cuivre vous commencez à vous rendre compte que, à votre propre niveau, cette énergie à transmettre est en illimité.

Alors arrive la question de la poupée russe : si pour le fil de cuivre nous avons créé cette abondance en électricité, qui remplit notre tube à nous ?
Et c'est là que nous devons commencer à apprendre à raisonner "aux frontières de la Création". Et pour réussir cet exercice, il nous faut d'abord passer par le chapitre suivant : un créateur ne peut pas être inclus dans sa création, et ce que cela implique vis-à-vis de notre Créateur.

6.3 L'impossibilité de représenter D avec un quelconque outil de la Création

Un créateur peut-il être inclus dans sa création ? Un peintre ne peut être dans sa peinture. Il peut s'y représenter, l'auto-portrait, mais il ne peut pas être une partie de sa peinture.

Et qu'en est-il pour l'œuvre d'art qui aurait la forme d'une boîte assez grande pour accueillir en son intérieur son créateur ? Là aussi, la création est cette boîte et non pas l'artiste qui se trouve à l'intérieur. L'artiste ne peut pas être sa création, puisqu'il est déjà créé.

Idem pour l'auteur d'un roman, idem pour le constructeur d'une maison, idem pour tout créateur, constructeur, dessinateur, auteur, chef d'entreprise… Pour qu'un créateur puisse créer, il a évidemment dû déjà être créé lui-même précédemment. Donc un créateur ne peut être inclus dans sa propre création.
Si on accepte cela, alors nous pouvons aller maintenant encore plus loin : pour sa création, un créateur ne peut qu'utiliser des outils déjà présents au sein de la création dans laquelle il a été, lui, le créateur, initialement créé. En ce qui nous concerne, il s'agit de la matière.

Et ensuite, pour faire un exercice mental qui permettrait de descendre d'un niveau de création, prenons le cas d'un créateur qui souhaite créer un petit bonhomme digital dans un jeu vidéo dont le rôle serait de créer une maison. Dans ce cas, les seuls outils que ce petit bonhomme digital pourra utiliser seront des pixels. Le petit bonhomme est fait de pixels, son créateur est fait de matière.

Ainsi, si on applique ce raisonnement à un niveau supérieur au nôtre (et non pas inférieur, comme dans l'exemple du jeu vidéo), alors il existe bien un créateur au-dessus de nous et, pour ce Créateur, nous sommes ce petit bonhomme digital et nous sommes fait de matière et d'énergie. Notre Créateur alors n'est fait ni de matière ni d'énergie.

De quoi est-il fait, me demanderez-vous ? Et bien tout comme un créateur digital, une entité numérisée, une entité pour qui la limite de représentation ressemblerait à des pixels ne comprendrait pas ce qu'est une entité "matièrisée" comme nous. Donc il nous est impossible, et le sera toujours, de nous représenter ce qu'est une entité sans matière ni énergie.

Ne ne savons pas créer de la matière, ni de l'énergie. Nous ne savons que transformer. "*Rien ne se perd, rien ne se crée, tout se transforme.*" disent les scientifiques. Et pour être encore plus justes, ils auraient dû ajouter "*au sein des limites de la création dont nous sommes tous issus*".

Arriver à ne serait-ce qu'à imaginer ce à quoi pourrait ressembler D, n'est pas possible, car notre esprit utiliserait des outils issus de la Création pour y parvenir. C'est impossible, c'est hors de notre savoir et le restera toujours. Et cela peu importe les futurs progrès de la science, de la technologie ou de la théologie. La création de ces disciplines a été possible grâce à des outils issus de la Création (la connaissance, les découvertes physiques ou chimiques, les idées autour du divin, etc.). Or, un créateur est forcément hors de sa création, car il a existé antérieurement à elle.

Je vous conseille de faire de temps en temps cet exercice mental de réaliser qu'il est impossible d'imaginer hors de la Création : vous y retrouverez la paix, enseignée par le bouddhisme, l'humilité face à D cher à l'Islam, l'amour du prochain cher au Christianisme, ou, encore, le "*Now*" de Eckhart Tolle.

Si notre créateur est D, alors Il ne peut être fait ni de matière, ni d'énergie .

Et du coup, allons plus loin : Il ne se trouve pas dans les cieux, ni sur un nuage, Il se soucie peu de vos préférences sexuelles et, même, si vous avez commis un crime ou pas. Si certaines religions souhaitent inclure un jugement dernier après la mort, pas de souci, mais ce tribunal serait aussi inclus au sein de Notre Création, et D ne peut donc pas être inclus dans ce tribunal.

Il est donc tout à fait possible de croire en un Créateur sans pour autant être religieux, puisque les religions sont incluses dans La Création.

Il est impossible d'utiliser des outils de la Création pour en représenter son Créateur. Le fameux Voeux d'Or n'était pas un souci parce qu'il était fait d'Or, mais parce qu'il était fait de matière, parce qu'il était fait à partir d'outils issus de la Création.

"Gratitude for the depths of Jewish ethics, for the resounding Jewish "No" to pagan abominations and emperor-worship, a "No" that echoes to this day."
(source : Sohrab Ahmari - How Judaism Helped Me Along My Journey to Catholicism."
https://www.commentarymagazine.com/culture-civilization/religion/why-this-catholic-loves-judaism/)

***

Donc, pour conclure cette 6ème partie, si on est d'accord qu'un Créateur existe et qu'il ne peut pas être fait d'outils présents au sein de Sa Création, alors il n'est fait ni de matière, ni d'énergie. Et il nous sera toujours impossible ne serait-ce que d'imaginer à quoi cela pourrait ressembler.

Ainsi, essayons un exercice mental. Parmi tout ce qui nous entoure, qu'est-ce qui se rapprocherait le plus de :

. un outil que nous ne pourrions nous représenter (tout comme, à un niveau inférieur, le bonhomme digital dont tout ce qu'il pourrait s'imaginer qui existe ne pourrait qu'être des pixels, limité dans son monde, l'ordinateur),

. qui ne serait pas fait de matière,

. qui ne serait pas fait d'énergie,

. qui serait hors de la Création.

. et qu'il nous serait impossible ni de créer, ni de transformer, ni même de manipuler.

Un esprit ? Non, les esprits, s'ils existent, sont inclus dans La Création.
Une âme ? Là encore, si les âmes existent, elles sont incluses dans La Création.
L'amour ? Sûrement, avec la vie, la plus belle des entités de La Création, et d'après Jésus, pour ne citer que lui, un chemin vers D, mais, vous l'aurez compris, incluse dans La Création.
La vie, la conscience ? Idem, incluses dans La Création.

Alors, il reste quoi ? Reste-t-il quelque chose, d'ailleurs ?

Et bien c'est là que le message de Eckhart Tolle *"There is no greater obstacle to God than time'* et l'impossibilité de représenter D via un outil de Sa Création fusionnent magnifiquement ensemble.

De quoi s'agit-il ?

Le Temps. Celui avec un "T" majuscule. Nous ne savons pas ce que c'est, nous ne pouvons ni en créer ni en transformer, et il n'est ni matière, ni énergie. Tel le bonhomme créateur digital ne peut se représenter un monde sans pixel, les limites de son bocal, nous ne pouvons rien imaginer sans le Temps.

7. Le Temps, avec un "T" majuscule

7.1 Impossible à transformer, le Temps se trouve donc hors de la Création

Nous prenons le Temps pour acquis. Or, le Temps hors de la Création est une entité totalement différente de ce qu'est le Temps pour nous. Hors de la Création, le Temps est autre chose. Quelque chose que nous ne pourrons jamais imaginer, jamais visualiser, jamais dessiner, ni même jamais concevoir.

On cherche sur YouTube des vidéos qui répondraient aux questions "*Qu'est-ce que le Temps ?*", "*Peut-on voyager dans le Temps ?*", et, à chaque fois, notre curiosité reste insatisfaite.
On y parle de vitesse de la lumière, on y parle de Einstein, on y parle de d'horloges atomiques, et puis arrive la fin de la vidéo et nos questions restent entières. Les plus spirituels diront que le Temps est la paroie de notre aquarium et les moins spirituels diront que le Temps n'existe pas.

Alors, au final, c'est quoi le Temps ? Personne n'aura de réponse. Et personne n'arrivera jamais à se représenter le Temps, car il existe uniquement hors de la Création, et que tout ce qui hors de la Création est impossible à se représenter, ni même à imaginer.

Ainsi, arrive une question troublante : si tout ce qui existe vient de la Création et qu'il nous sera toujours impossible de créer du Temps, alors, est-il possible, qu'en fait, le Temps soit la Source ?

Abraham Heschel le pense :

"Aux yeux de l'esprit, l'espace n'est que du temps solidifié, et les objets des événements pétrifiés."
(source : "Les bâtisseurs by Temps" by Abraham Heschel)

Comme il nous paraîtrait aujourd'hui absurde d'affirmer que le soleil tourne autour de la Terre, un jour nous nous accorderons que c'est la matière qui s'écoule dans le Temps, et il deviendra donc tout autant absurde de croire que c'est le temps qui s'écoule. Hors de la Création, le Temps de s'écoule pas, et il en va de même au sein de la Création.

7.2 Le Shabbat - la méditation - l'appréciation de la Création

Maintenant que vous avez une idée nouvelle de ce que pourrait être le Temps, regardez comment tout s'agence vers cette notion.

On le sait peu, mais la Torah s'intéresse plus au Temps qu'à l'Espace.
Il a fallu six jours à D pour créer dans l'Espace. Le septième est consacré à l'écriture dans le Temps.
Car la réalité est que le jour du Shabbat n'est en fait pas du tout un jour de repos au sens que lui donne notre époque moderne. Littéralement, il est en fait *"un jour de méditation sur la Torah"*. Le terme "*méditation*" a son sens profond ici. Il inclut la lecture, la concentration, la présence au temps présent et le souci de ne pas produire.

Selon Eckhart Tolle, la Création, celle avec un "C" majuscule, ne peut être ressentie que dans le temps présent.

Ou encore, parlons du formidable livre de Abraham Heschel, "Les bâtisseurs du Temps", qui dit : *"lorsque, par intuition, nous saisissons le temps, nous entendons battre la pulsation de la création dans son déroulement."*

Cette phrase est puissante. Et je crois d'ailleurs que c'est exactement ce qui se passe chez les gens qui arrivent à appliquer les méthodes de méditation de Eckhart Tolle : l'espace de quelques secondes, nous touchons l'instant présent. Et je l'ai personnellement expérimenté. Chaque fois que j'arrive à être dans l'instant présent (même pendant 2 secondes, ce qui est déjà beaucoup, mais mon maximum ayant été de 30 minutes. Une expérience incroyable), je ressens la Création se dérouler autour moi. Et c'est exactement ce que Eckhart Tolle arrive magnifiquement à nous enseigner.
Et je pense que Jésus était un homme qui arrivait facilement à se mettre dans cet état de conscience.
J'ai donc été agréablement surpris lorsque je me suis rappelé cette magnifique citation de Eckhart Tolle :

"There is no greater obstacle to God than time."
(source : "The Power of Now" by Eckhart Tolle)

Cette phrase aussi est un concentré de puissance, et demanderait une vie entière pour être totalement étudiée.

Surtout quand, comme je le disais, vous avez pu comme moi vous placer quelques secondes ou plusieurs minutes dans le Now. La Création ne peut se ressentir que dans le temps présent.

Et c'est exactement ce que je découvrais lors de la rédaction du livre que vous tenez entre vos mains.

L'instantanéité est le temps de la Torah. La Création ne peut se ressentir que dans le temps présent. La frontière de la Création se trouve hors du Temps. Le Temps n'est pas réplicable avec des outils de la Création. Le Temps est la solution à nos questions existentielles. Une solution dont nous n'aurons jamais la représentation, car hors de la Création.

La Torah n'existe pas pour vous rendre service. Elle n'existe pas pour que vous vous sentiez heureux, ni même plus en paix avec vous-même (le bouddhisme, par exemple, le fait très bien).

Non. La Torah, et les rabbins nous le répètent depuis 5000 ans, <u>existe pour vous rapprocher de D et de Sa Création</u>. C'est tout. Et, en même temps, c'est gigantesque. Oui, la Torah n'a pas d'autres buts. Et ceux qui sont aller chercher autre chose dans la Torah (une solution à leurs problèmes, un bien être, des réponses à leurs mal-être ...) doivent aller chercher ces réponses ailleurs.

Et vous voulez une bonne nouvelle ?

La bonne nouvelle c'est que la Torah nous a donné un outil pour nous rapprocher du Temps : la Torah nous propose de le sanctifier.

Un outil formidable.

L'outil que les juifs ont appliqué depuis des millénaires, et sans jamais s'arrêter. Un outil plus important que toutes les fêtes juives, que toutes les périodes de deuils et que toutes les prières. L'outil le plus important dans la Torah. Même une prière de deuil se doit de passer après cet outil.

Cet outil est L'OUTIL que vous cherchiez.

Quel est-il ?

Le Shabbat.

Le Shabbat enseigne que, dans un premier temps, on "*écrit*" dans l'Espace pendant 6 jours : on s'achète une maison, on remplit son frigo, on travaille, on s'amuse, on consomme, on vend, on regarde ses films préférés, bref, on est dans l'Espace de la Création. Puis arrive, cycliquement, le 7ème jour : le jour du Shabbat. Un jour durant lequel on "*écrit*" dans le Temps. Un jour durant lequel on se stoppe volontairement. On s'arrête pour contempler la vie, le monde, la Création. Pour contempler Sa Création.

Le Shabbat est le cadeau de D à Sa Création pour observer Son Œuvre. Ce cadeau est puissant et magnifique.

Le Shabbat est plus fort qu'une cathédrale, aussi majestueuse soit-elle.
Le Shabbat est plus puissant que la statue d'un héros de guerre, aussi brave fut-il.
Le Shabbat est plus puissant qu'une muraille, aussi haute soit-elle.
Parce que Shabbat imprime dans le Temps, et non pas dans l'Espace.
Le Temps est à sanctifier.

Le 7ème jour est le moment d'apprécier, et sa propre création des 6 jours précédents, et La Création, celle de D. D'ailleurs, on ne dit pas "*faire Shabbat*", on dit "*entrer dans le Shabbat*". On entre dans Shabbat car c'est une ouverture, une porte, un portail, par delà lesquels nous pouvons sanctifier le Temps, pour, enfin, observer La Création.

Avec le Shabbat, la Torah nous indique l'importance d'écrire dans le Temps pendant ce 7ème jour. Il s'agit de méditer la Torah le 7ème jour pour concrétiser nos créations des six jours précédents. Le judaïsme transfère l'importance de l'espace vers l'importance du Temps.

Et voici comment même les sachants juifs les plus opposés les uns aux autres, les orthodoxes ou les libéraux, se sont mis d'accord sur ce point : être juif c'est sanctifier le Temps.

"IL existe à l'extérieur du Temps, car il est le Créateur du Temps."
Moré Névoukhim 2:30

« Souviens-toi du jour du repos pour le sanctifié.»
Exode 20. 2-17

Le mot "sanctifier" dans cette phrase n'est pas choisi au hasard.

"Six jours par semaine nous vivons sous la tyrannie des objets de l'espace ; pendant le Shabbat, nous nous efforçons de nous mettre au diapason de la sainteté du temps."
(source : "Les bâtisseurs by Temps" by Abraham Heschel)

C'est la sanctification du Temps qui a permis aux juifs de traverser les siècles.
Et non pas une muraille, qui serait de toute façon tombée à la première guerre perdue.
Et non pas une politique de conversion au judaïsme, qui serait de toute façon tombée avec le prochain héros de guerre ennemi.
Et non pas une armée, qui serait tombée en même temps que ces deux précédentes méthodes.

Non. Juste par la sanctification du Temps, via l'outil du Shabbat. Vous ne trouverez pas plus puissant que cet outil, car il n'écrit pas dans l'Espace, mais dans le Temps. Il tente d'agir aux frontières de la Création.

"Le Sabbat est la présence de D dans le monde, une ouverture offerte à l'âme humaine".
(source : "Les bâtisseurs by Temps" by Abraham Heschel)

7.3 Et, d'ailleurs, entrer dans le Shabbat n'a pas du tout besoin de se faire via une religion

Le Shabbat est important. Il est un temps pour l'appréciation de l'existence de La Création.
Et, selon moi, il existe autant de façon de le pratiquer qu'il existe d'humains sur Terre. Et, si on suit les exercices mentaux présentés dans ce livre, le Shabbat n'appartient pas au judaïsme et n'appartient pas aux rabbins non plus, puisqu'il est inclus dans la Création.

Je suis Juif, j'en suis fier et je sais bien que se sont les quelques discussions avec des rabbins lors de la préparation de ma paracha (le texte qu'on lit à la synagogue lors de la Bar Mitzva), qui ont fait que ce livre est sorti de moi. De cet apprentissage, j'en suis reconnaissant à vie. Pour autant, je ne laisserai personne me dicter comment entrer dans le Shabbat. Il y a autant de façon de pratiquer le Shabbat qu'il y a d'humains sur Terre, et toutes sont magnifiques.
Pas de pharaon, ni même sous l'apparence d'un rabbin. Point !

Par exemple, sans vraiment m'en rendre compte, je pratiquais une entrée dans le Shabbat depuis longtemps, et naturellement. En effet, à l'époque où je vivais en France (et donc travaillais physiquement dans les mêmes bureaux que l'équipe française), j'éteignais mon ordinateur durant tout l'après-midi du Vendredi, puis me dirigeais vers un des départements. Vers l'équipe Tech ou Produit si j'avais envie de ressentir le poul du logiciel. Vers l'équipe des Commerciaux, si j'avais envie de ressentir le poul du marché.

Vers l'équipe Customers Care, si j'avais envie de ressentir le pouls de la société.
Tout dépendait de mon humeur, de mes envies.
J'arrivais, je m'asseyais et on discutait. Certains étaient étonnés que je les stoppe ainsi dans leur travail, impactant forcément leur productivité (et donc ce pour quoi ils se considéraient payés). Mais au fur à mesure de la discussion, la parole se détendait. On discutait, et ces moments étaient importants pour moi. Ces moments étaient aussi, je le pense, importants pour eux.

Des moments pour apprécier notre création, leurs créations, leurs succès, leurs challenges. Toutes ces créations rendues possibles grâce aux outils de la Création. Avec mon équipe, nous écrivions dans le Temps, pour le futur de la société et pour solidifier notre collaboration CEO et Employé.
J'ai adoré chacun de ces moments.

Puis, après mon déménagement à New-York, je me suis retrouvé d'un seul coup avec une équipe bien plus réduite dans mon quotidien. Ma pratique du Shabbat s'est donc un peu transformée. De manière consciente désormais, je le vivais hors des bureaux et avec Serge (Serge-Karim, mon ami du début de ce livre).

On s'appelait et on se disait "*On se voit pour Shabbat ?*". Ce qui voulait dire "*On se rejoint à 12 Chairs*" (un restaurant israëlien à NY connu pour posséder une énergie douce et en même temps forte) pour un déjeuner, discuter et refaire le monde.
Et c'est ce qu'on faisait. Des moments fantastiques.
On finissait souvent par parler de judaïsme, de la vie, de science et de business.
Les heures passaient à toute vitesse. A tel point qu'une fois, alors que nous y étions allés pour déjeuner, nous nous sommes surpris, emportés par nos conversations, à toujours y être assis quand l'heure du dîner était arrivée. Assis à la même table. La même serveuse, amusée, nous a

demandé si nous souhaitions les mêmes plats que ceux du déjeuner. Pour le comique de la situation, forcément Serge et moi avons répondu "*Évidemment*". Ainsi, quinze minutes plus tard, exactement les mêmes plats nous étaient servis, alors même que nos conversations continuaient. Arrivés avec l'idée de juste y déjeuner, nous y sommes en fait restés plus de 10 heures.
Le temps passait vite, on était dans l'instant présent, on était dans l'immédiateté. On était dans le temps de la Torah.

C'est dans ces moments de Shabbat, à notre façon, que ce livre a commencé à prendre vie. Et le fait que vous le lisiez en ce moment-même est la preuve que, Serge et moi, en ce jour de Shabbat, nous écrivions dans le Temps.

Voilà comment je pratique le Shabbat.
Bien sûr, lorsque je suis invité chez des amis ou en famille, je pratique le Shabbat de manière plus classique, avec la prière, les téléphones éteints et le repas de famille. Juste nous, ensemble.
Mais qu'on ne s'y trompe pas : là aussi on écrit dans le Temps. Et c'est formidable.

Alors oui, admettons-le, Serge et moi avions instauré un Shabbat pas très orthodoxe. 90% des juifs vous diront que ce n'est pas comme cela qu'on fait Shabbat.
Pourtant, comme je le disais, je ne laisserai personne me dire que nous ne le pratiquions pas. Nous le vivions au contraire pleinement. Il me semble par ailleurs que certains font Shabbat plus par idolâtrie (ne pas allumer une ampoule, ne pas conduire ....) que par méditation de la Torah et par appréciation de La Création.
En me connectant humainement avec ma team, en échangeant de longues heures avec Serge, je médite la Torah à ma façon.

Peu le savent, mais Jésus aussi pratiquait le Shabbat. Et cela jusqu'à la fin de sa vie. Il revendiquait le droit de guérir des miséreux pendant le Shabbat, contre l'avis des plus orthodoxes.

"Dès le jour du sabbat, étant entré dans la synagogue, Jésus enseignait."
(source: L'Evangile selon Saint Marc - Chapitre 1 - verset 21)

Alors, allons plus loin. Un rabbin un peu taquin (et la plupart ont d'ailleurs beaucoup d'humour) pourrait même faire remarquer à Yuval Noah Harari qu'il pratique en fait le Shabbat la 7ème heure de chaque jour, via sa méditation du matin. Une méditation sans laquelle, selon les dires de Harari lui-même, il n'aurait jamais pu avoir l'idée de son livre mondialement connu "*Sapiens*". Harari écrit dans le Temps lors de ses méditations. Les techniques de méditation enseignent d'ailleurs souvent comment ressentir ce qui nous entoure.

Allons encore plus loin : le Pape François a invité au respect du Shabbat en 2018 : « *Ce que les Juifs suivent, et observent toujours, c'est de considérer le Shabbat comme saint* », dit-il. « *Le samedi, vous vous reposez. Un jour par semaine. C'est le minimum ! Par gratitude, pour servir Dieu, pour passer du temps avec sa famille, pour jouer, pour faire toutes ces choses-là. Nous ne sommes pas des machines.* »"

Ainsi je crois qu'il peut y avoir autant de façons d'entrer dans le Shabbat qu'il y a d'humains sur Terre, peu importe la religion, peu importe le jour, peu importe la manière, peu importe la durée. Toutes ces méthodes sont parfaites si elles permettent l'appréciation de La Création et de ses propres créations.

Je crois en l'importance de la pratique du Shabbat, mais pas par principe, car finalement cela reviendrait, donc, à l'idolâtrer. Or, la fête de Pessah, lors du passage des 10 Commandements, parle du Shabbat comme un jour à sanctifier et non pas, bien sûr, à idolatrer.

Je crois en l'importance du Shabbat, car je pense que le Temps est la frontière de la Création.

Je crois que si chacun de nous prenait 1/7ème de son temps dans son agenda pour apprécier La Création, via une sorte de Shabbat, via une méditation, via un moment avec les gens qu'on aime, via fumer un cigar avec un ami, ou tout simplement à rester au calme et présent, si chacun, donc, prenait 1/7ème de son temps pour de telles pratiques, alors notre appréciation de La Création nous rendrait plus fort, plus libres, plus lucides et plus imaginatifs. Cela décuplera les capacités de notre civilisation humaine.

Une startup dont le CEO est assis sur un banc en face d'un lac, est une startup en route vers l'hyper-croissance.
Et plus généralement, car ce livre s'adresse à tout le monde, leaders du monde ou simple leader de sa propre vie, chacun à votre manière, écrivez dans le Temps.
Ecrivez dans le Temps et Sa Création se déroulera devant vous.

Manifesto

Voilà, nous y sommes. Non pas à la conclusion, car ce livre ne se terminera jamais, mais plutôt à une porte ouverte vers des millions de possibilités.

La fête de Pessah est un véhicule plus facile à diriger que ne le sont la Torah et le Talmud, dont les savoirs infinis sont intimidants pour 99.99% d'entre-nous.
Cette fête a permis, je le crois, de transporter l'esprit des Hébreux jusqu'à nous. L'esprit de Moïse. Sa force, ses faiblesses et son enseignement. Ses challenges. Ses valeurs.

Cette fête porte l'enfant juif depuis 3300 ans, et le construit. Tel un parcours initiatique, celui de l'histoire de l'Exode du peuple Hébreu. Certains enfants tireront les fils et iront plus loin. D'autres s'arrêteront en chemin.

Mais ce sont ces fils que j'ai essayé de tirer avec vous. Pour voir où cela me mènerait.

Les challenges que doit surpasser tout leader, les réponses apportées par Moïse et l'histoire de l'Exode et de sa recherche de la liberté.
L'importance des valeurs, l'importance de l'écrit, l'importance du questionnement, et cela à chaque époque, de l'esclavage, les outils de la vision et du storytelling.
Devenir un leader inspirant, et non pas un leader esclavagiste.
L'importance du reniement de l'idolâtrie.
L'importance de l'appréciation de La Création et ce 1/7ème de notre agenda pour y parvenir.

Tout ce que la fête de Pessah distille inlassablement depuis 3300 années, chaque année et doucement, aux enfants juifs.

Je suis fier que tirer ces fils m'ait mené vers encore plus de croyance en un Créateur unique. Vers plus de croyance en une frontière au sein de la Création. Une frontière que nous ne franchirons jamais. Une frontière dont nous ne pouvons même pas imaginer l'apparence.

Le message de L'Exode est universel. Universel car il peut servir de trame aux leaders. Ces êtres qui s'emparent des outils de la Création pour améliorer nos sociétés.
Universel car il parle du message de paix et d'amour de Jésus. La Chrétienté a créé les empires les plus évolués dans lesquels vivre, et c'est pour cette raison que je suis fier d'être français. La France, ce formidable pays est profondément lié à la Chrétienté.
Universel car il parle aussi du respect absolu de Mahomet et du peuple de l'Islam en notre Créateur. Un peuple que les médias opposent souvent au peuple Juif, alors que son message de totale soumission à D est, de fait, admiré par tous les rabbins à travers le monde.

Le message de L'Exode est aussi universel car il donne du courage dans le quotidien. Du courage à la femme sous l'emprise d'un bourot, du courage à l'enfant dévalorisé, du courage aux peuples opprimés. Du courage à celui sous une emprise psychologique. Le message de l'Exode donne du courage à ceux qui ont eu peur que tout soit perdu. Libérez-vous de vos pharaons.

Le message de L'Exode est aussi intemporel : le reniement de l'idolâtrie sera un outil encore bien plus indispensable dans le futur lorsque les intelligences artificielles seront partout autour de nous, prêtent à nous manipuler, à force d'algorithmes, jusqu'à ce que nous en oublions même leur surpuissance sur nos choix. Ces Homo Deus qu'il nous faudra repérer et remettre à leur juste place, car il n'y a qu'un D et il nous a offert le libre-arbitre. Nous Lui devons de ne jamais le perdre : au contraire, il nous faudra nous servir de ce libre-abitre pour rappeler à ces Homo Deus que, non, nous ne les idôlatrerons pas, et qu'il n'y a un qu'un seul D.

Reniez l'idolâtrie quoi qu'il arrive et quoi qu'il arrivera, parce que nos pharaons du futur n'auront pas l'apparence d'un juge, ni d'un parent, ni d'un politicien, ni même d'un intellectuel. Ils auront l'invisibilité d'algorithmes. Donc les seuls parmi nous qui leurs résisteront seront ceux qui ne les idolâtreront pas.
Le message de L'Exode est un outil du fond du passé, pour un imprédictible futur.

Nous savions déjà que nous naviguions tous dans un espace commun : notre formidable planète Terre et cet univers. J'espère que ce livre vous aura fait découvrir que nous naviguons, de même, tous dans un Temps commun : celui de La Création.

Merci D pour nous avoir créés libres et responsables de nos choix.
Merci D pour Ta Création : nous nous engageons à nous arrêter de temps en temps, chacun à sa façon et chacun à son rythme, pour la contempler.

Merci D.

Shabbat Shalom à notre précieuse Humanité : j'ai confiance en elle. Elle se dirige vers plus de spiritualité, plus de liberté, plus de cohésion, et plus de contemplation de D et de Sa Création.

D, nous t'aimons.

FIN